シーカヤック教書

SEA KAYAK

内田 正洋 著

【日本レクリエーショナルカヌー協会（JRCA） 公認テキスト】

海文堂

夕暮れ近く、大海原を往くシーカヤック。
浜から浜へ、島から島へ、漂泊するかのような旅。
雄大で、限りなく自由な世界がそこにある。
さて、今夜はどこの浜で野営するかな。

序　文（まえがき）

　シーカヤックと呼ばれる独特の小さな舟の文化が日本に上陸したのは、1987年のことでした。当時の日本社会は、いわゆるバブル経済のまっただ中。誰もがお金を湯水のように使えた時代でした、と書くと少々大袈裟かもしれないですが、でもそんな感じの、どこか金銭感覚が狂ったような時代でした。その時代にあって、この小さな手漕ぎの舟はひっそりと北米大陸から上陸しました。当時は、アウトドアという言葉がもてはやされ始めた時代でもあり、シーカヤックはアウトドアの新しい道具として輸入されたのです。シーカヤックの主なメーカーは、ワシントン州のシアトル周辺に集中していました。

　あれから20年以上が過ぎ、シーカヤックはいつの間にか日本に定着しています。バブルの時代から、次は「失われた10年」などと呼ばれる不景気な時代になり、そして今や地球温暖化という環境問題が真剣に議論される時代へと変化しました。大規模な自然災害が頻発し、温暖化の原因とされる二酸化炭素の排出量が、商業的な取引にまで使われるような時代になってきました。当時のアウトドアブームは沈静化しましたが、一部の人にとってはそれが生活のスタイルになり、シーカヤックもまた一部の人にとっては生きる糧にまでなっています。

　シーカヤックが日本に上陸した時から、僕はこの小舟の文化と共に生きてきました。この古くて新しい価値観を持つ道具は、人生を大きく変針させてくれたのです。1987年からはアウトドア雑誌でシーカヤックの旅の連載を始め、90年には「シーカヤッキング・イン・ジャパン」という本を出版しました。91年には台湾から九州に島伝いに漕ぎ、92年には西表島から東京湾までを漕いでいます。当時はシーカヤックによる旅、航海の世界を追求していました。93年には探検家で医師の関野吉晴氏による「グレートジャーニー」という人類の足跡を辿る壮大な旅のサポートクルーとして、南米大陸の南にあるフエゴ島から南米の南端までを彼と一緒に漕ぎました。

　そして、97年には日本人としては初めてとなったシーカヤックのノウハウ本「シーカヤッカーズ・ハンドブック」を書きます。98年には「ザ・シーカヤッキング・マニュアル」というムック本を制作し、99年にはシーカヤックの専門誌「SEA Kayaker」も立ち上げ、2000年にはシーカヤックのカタログ本までも出しました。2002年にはシーカヤックのバイブルと呼ばれる「Sea Kayaking」（John Dowd ジョン・ダウド著）の翻訳本をプロデュースして監修しました。著者のダ

ウド氏とは、シーカヤックを始めた87年にバンクーバーで会いました。直接的な僕の先生が彼です。

ところが、これらの本や雑誌は、さほど多くの部数を出版したわけじゃなく、すべてが売り切れたり廃刊になったりして、今や入手するのが難しい状況にあります。そこで、どうしてもシーカヤックに関する教科書のような本が新たに必要となったのです。

なぜ必要になったかというと、それが時代の変化というか、時代の欲求だからでしょう。時代がシーカヤックの教科書を欲している。そう感じるからこの本を書こうとしています。

今や地球環境の変化が如実に感じられる時代となりました。おそらく誰もが地球が温暖化していると、すでに感じているでしょうし、大規模な自然災害も温暖化が原因だと言われれば、妙に納得できるような雰囲気さえあります。2007年のノーベル平和賞は、戦争の撲滅ではなく地球温暖化に対応する提言をした人たちに与えられました。そんな時代なのです。人類は新たな価値観を切実に模索しているように感じます。そこでシーカヤックなのです。

シーカヤックは旅の道具です。それはバックパッキングと呼ばれる歩いて旅をする行動に似ています。生活道具一式を背負い、自然の中を歩く旅。それがバックパッキングですが、陸を歩くのではなく海を歩くかのように旅ができる。それがシーカヤックです。そんな考え方も、やはり北米で生まれたものです。現代文明のあり方を、自然の中を歩くことで深く考えたり感じたりする。それがバックパッキングやシーカヤックの旅が始まった理由だと思います。

ところが、シーカヤックが日本にやって来たことで、もっと重要な役割を持ち始めています。この小さな舟は、その大きさとは反比例するかのように、これからの時代に大きな役割を持とうとしています。それは世界の中でも特に日本社会に対する役割です。その役割とは何なのか、それを感じて頂けるよう、本書を書き進めたいと思っています。

北米の一部の人たちが気付いたシーカヤックによる旅。しかし、日本には太古の時代から同じような旅の考え方があったと感じます。シーカヤックの旅を通して、いまだ日本列島のあちこちに残る海の文化に気付いていけると思います。

現代の日本人は、自分たちの歴史について、あまり実感を持っていません。海の文化となると、ほとんど知らないのが現状です。しかし、この列島には、とてつもない海洋文化の歴史があるのです。そして今もその痕跡は残っています。シーカヤックの旅は、その事実を教えてくれます。さらには、日本列島の美し

さ、そして海の現状にも気付かせてくれます。海面から見上げる日本列島は、本当に美しいのです。しかし、それを実見している人もまた、ほとんどいません。したがって、その美しさを破壊している現状にも気付きません。だからシーカヤックなのです。

　本書は、少なくとも高校生、いえ、少し難しいですが中学生にも理解してもらえるように書こうと考えています。シーカヤックを始める時機として、中学生ぐらいから始めるのが適当じゃないかと感じているからです。なるべく若いうちから始めることで、このシーカヤックという小舟が持つ意味が自然に理解できると期待しています。

著　者

Photo by 中村隆之

初冬の瀬戸内海を東西に漕ぎ進む。
「瀬戸内カヤック横断隊」と称する船団の旅。
7日間で約300キロ、ほとんど無補給で漕破する。
2003年以来、毎年この海を漕ぎ続けている。

目　次

序文（まえがき）　...3
本書の目的　...9

第1章 シーカヤック文化論

- シーカヤックの概念　...14
- シーカヤックの役割　...16
- 北洋のカヌー文化　...18
- カヌールネッサンス　...20
- カヤックの歴史とアウトドア　...22
- エコロジーとシーカヤック　...24
- 海洋基本法の成立　...26
- 学校教育とシーカヤック　...28
- 地球温暖化への対応　...30
- 平和とシーカヤック　...32
- 島（シマ）ということ　...34
- 島の文明　...36

第2章 シーカヤック装備論

- シーカヤックの種類　...40
- シーカヤックの仕組み　...42
- ダブルパドル（双刃の櫂）　...44
- スプレーカバー（しぶき除け）　...46
- PFD（浮力補助胴衣）　...48
- ベイラー（排水具、淦汲み）　...50
- パドルフロート（パドル浮袋）　...52
- シーウイング（カヤック浮袋）とシーアンカー（海錨）　...54
- カヤック着（カヤックウエア）冬　...56
- カヤック着（カヤックウエア）夏　...58
- 手袋と靴（手足の保温）　...60
- 防水袋（ドライバッグ）　...62
- 前照灯（ヘッドランプ）とストロボライト　...64
- ナイフと道具　...66
- ロープ類　...68
- 水筒類　...70

　　　　　　　　　通信器具と緊急信号　...72
　　　　　　　　　陸上運搬具（カヤックカート）　...74
　　　　　　　　　野営道具（キャンプ道具）　...76

第3章　　　　前漕ぎ（フォワードストローク）　...80
シーカヤック　停止（ストッピング）　...82
漕法論　　　　後漕ぎ（リバースストローク）　...82
　　　　　　　　　曲げ漕ぎ（スウィープストローク）　...84
　　　　　　　　　後曲げ漕ぎ（リバーススウィープストローク）　...84
　　　　　　　　　横漕ぎ（ドロウストローク）　...86
　　　　　　　　　横8の字漕ぎ（スカリングドロウストローク）　...86
　　　　　　　　　艫当て舵（スターンラダー）　...88
　　　　　　　　　下手押え回し（ロウブレイスターン）　...88
　　　　　　　　　外傾曲げ（カーブドターン）　...90
　　　　　　　　　舷側横滑り（サイドスリップ）　...90
　　　　　　　　　おもて舵（バウラダー）　...92
　　　　　　　　　おもて交差舵（クロスバウラダー）　...92
　　　　　　　　　片手漕ぎ（ワンハンドストローク）と漕法論　...94
　　　　　　　　　押え漕ぎ（ブレイスストローク）　...96
　　　　　　　　　　　下手押え（ロウブレイス）　...96
　　　　　　　　　　　上手押え（ハイブレイス）　...96
　　　　　　　　　　　叩き支え（スラップサポート）　...98
　　　　　　　　　　　浮かせ押え（フローティングパドルブレイス）　...98
　　　　　　　　　　　上手押え曲げ（スウィーピングハイブレイス）　...100
　　　　　　　　　　　8の字押え（スカリングブレイス）　...100
　　　　　　　　　強風下と波乗り　...102
　　　　　　　　　自己救援術（セルフレスキュー）　...104
　　　　　　　　　　　エスキモー式回転起き（エスキモーロール）　...104
　　　　　　　　　　　マリナー式自己救援術（マリナーセルフレスキュー）　...106
　　　　　　　　　　　シーウイング自己救援術（シーウイングセルフレスキュー）...106
　　　　　　　　　補助救援行動　...108
　　　　　　　　　　　抱え込み法　...108
　　　　　　　　　　　パドルあぶみ法（PSレスキュー）　...110
　　　　　　　　　　　ドーソン式吊下げ法（ドーソン・スリングレスキュー）　...110
　　　　　　　　　　　TX救援法（TXレスキュー）　...112

第4章 シーカヤック航法論

- シーマンシップと航海術 ...116
- 旅の計画 ...117
- カヤック隊の行動 ...118
- 旅に関する情報 ...119
- 海図について ...120
- コンパス（羅針盤）について ...120
- 地文航法と推測航法 ...122
- 風の航法 ...122
- 流れの航法 ...124
- 海岸地形と航法 ...124
- 夜間航法 ...126

第5章 シーカヤック領域論

- 北海道沿岸区 ...130
- 本州南・東岸区 ...132
- 本州北西岸区 ...134
- 瀬戸内海沿岸区 ...136
- 九州沿岸区 ...138

第6章 シーカヤック天気論

- シーカヤックと天気 ...142
- 風に関して ...144
- 波に関して ...146
- 流れに関して ...148

第7章 シーカヤック生存論

- 海に生きる ...154
- シーカヤックの視点 ...155
- 低体温症のこと ...156
- 上陸する ...157
- 離岸する ...158
- 海浜野営 ...159
- 海洋生物 ...160
- 他の船舶 ...161
- 応急処置（ファーストエイド）...162
- 指導者として生きる ...163
- シーカヤック業 ...164

索引 ...167

跋文（あとがき）...173

解説・野田知佑 ...177

本書の目的

　本書「シーカヤック教書」は、ある種の教科書というか参考書です。そう書くと、どこか堅苦しい感じの本のように感じるかもしれません。確かにそうなのですが、なるべく読みやすく、面白く書こうと思っています。
　シーカヤックは自由な乗り物です。こうでなければならない、といったような決められた使い方や漕ぎ方があるわけではありません。みなさんが歩くことを自然に覚えたように、シーカヤックの漕ぎ方も自然に身に付くものです。歩く姿がそれぞれ違うように、漕ぐ姿も人によってそれぞれ違います。
　人はみんな体格が違います。まったく同じ人は、人類がこれだけの数になっても現われません。みんな違うから「人」なのです。そんな違う人たちが、同じようなシーカヤックを漕ぐわけですから、当然漕ぎ方に違いがでます。それでいいのです。自分に合った漕ぎ方や、自分なりのシーカヤックに関する使い方や考え方。そんなことが見つかるための参考になる本、それが本書です。しかし、なぜ教科書とか参考書なのかというと、それは学校の授業で使えることを目的にしているからです。
　シーカヤックの学校というものがあります。普通はシーカヤックスクールと、なぜか英語風に呼ぶことが多いのですが、要はシーカヤック学校です。シーカヤック学校の多くは、民間の経営でしかも個人、もしくは数人規模の先生によって教えられているのが現状です。学習塾のようなものかもしれません。それぞれのスクールは、それらの先生の経験によって教えられていますが、統一したカリキュラムは、今のところありません。そこも自由な世界なのですが、先生たちの経験の差や経験してきた旅の違いによって教え方が変わります。もちろんそれでも構わないのですが、教えられる生徒の方が混乱する可能性もあります。それで、その参考になるように本書があると思って下さい。本書は、あくまでも参考としての図書です。
　それにシーカヤックスクールは、いわゆる普通の学校とは少しニュアンスが違います。教育産業というよりサービス業に近いものです。なので「学校の生徒」という言い方ではなく「スクールのお客さん」という言い方が一般的です。でも、本来のシーカヤックスクールは、学びの場としての学校のはずです。
　日本にシーカヤックスクールが数多くでき始めたのは、今世紀に入ってからです。つまり歴史が浅い。まだまだ黎明期なのかもしれません。ところが、シーカ

ヤックを教えようとするところが、公共機関や公的な学校にも拡がり始めています。それが時代の要請だと思われます。その理由も追い追い説明していきます。

　そうなっていくと、やはり教科書や参考書のようなものが必要になっていくのは必然の流れです。ある程度は統一された認識が必要になるからです。なぜシーカヤックが社会に必要か、なぜシーカヤックを学ぶのか、そんな問いへの参考になる図書があれば、学びやすいと思います。

　シーカヤックを漕ぐフィールドというのは、日本の場合ほとんどが海です。海洋という環境の中で、生徒たちは学ぶことになります。ところが、海は自然そのものです。自然はある意味、非常に厳しいところです。人知が及ばない世界です。そんな自然の中で学ぶには、当然ながら安全ということが大命題になります。幸いにもシーカヤックによる事故は、ほとんど起きていませんが、なかったわけでもありません。死亡事故も数件起こっています。それはシーカヤックという道具が原因というより、海に対する判断の仕方に原因があると思われます。シーカヤックではなく、シーカヤックを操る人の方に原因があったのでは、と考えるべきものだと思います。

　ところが、自然に対峙するための判断力を培うのは非常に難しい。どれほど経験を積んでいても、失敗する可能性は消え去りません。しかしながら経験を積まなければ判断ができないことも事実です。つまり海という存在は、常に人を学ばせてくれるところです。そこにシーカヤックが存在する意義があります。

　学ぶ（まなぶ）というのは、真似る（まねる）ことです。学ぶと書いて「まねぶ」とも読みます。シーカヤックを学ぶのは、シーカヤックを教えてくれる人を真似することから始まりますが、習うこともまた真似ることです。「習うより慣れろ」という言葉がありますが、習い（ならい）は「倣い」とも書き、「慣」とも書きます。何だかややこしいですね。つまり、海から何か学ぶということは、海を真似ることになります。でも、人が海を真似ることはできません。人は海から学ぶのではなく、海と人が関わってきた歴史から学ぶということでしょう。シーカヤックという道具を通して、人と海が関わってきた長い歴史、それを学ぶ。そのための道具としてシーカヤックが存在しているのではないでしょうか。

　書き方を変えると、海に生きてきた人々の歴史から何かを学ぶ。人々が培ってきた海の文化をシーカヤックを漕ぐことで学んでいく。それが、シーカヤックを学校で教える大事な点だと思われます。また、シーカヤックを教えるといっても、手取り足取り教えることができるわけじゃありません。何といっても、漕ぐのは自分自身です。

教えられる際、ほとんどの場合は一人乗りのシーカヤックを使います。漕ぐのは自分であり、誰かが漕いでくれるわけではありません。自分で漕ぐから覚えられるわけです。したがって、シーカヤックは教わるというよりも、伝えられるものかもしれません。「こんな具合に漕ぐんだよ」と伝えられるわけです。それを真似て、自分で漕ぎ込んでいき、自分の漕ぎをつかんでいく。そこに近道はありません。

　例えば、1漕ぎに1秒かかるとして1分間で60回漕ぐことになります。1時間では3600回です。1日に8時間漕ぐと合計は2万8800回になります。それを1ヶ月行なうと86万4000回になります。そのペースで3ヶ月もすると大体自分の漕ぎ方ができているはずです。つまり260万回ほど漕げば大体は自分の漕ぎが分かってくるのです。そんな説明をすることがあります。もちろんそこからが始まりになりますが。いかに多く漕ぐか、それがシーカヤックの世界を理解するための唯一の方法です。

　また、漕げば漕ぐほど時間も過ぎていきます。漕げば体力もついてくるでしょう。しかし、人は時間の経過と共に年老いていきます。20歳の時の体力と50歳になった時とではかなりの違いがあります。もちろん30年間漕いでいればそれだけ上手になっているのでしょうが、体力の衰えに逆らえることもできません。以前のように漕げなくなるわけです。そうなると、漕ぎ方もまた変化していくことでしょう。年老いていけばいくほど、無駄に体力を使わないような漕ぎ方ができていくのかもしれません。

　僕の場合、確かに20年前とは漕ぎ方が変わっていると感じます。体力が衰え、身体のキレも悪くなっているからです。でも気持ちの方は、もっと漕ぎたい。もっと旅をしたい。もっと海を理解したい。もっと人を理解したい。そんな気持ちになっています。

　ということで本書の目的は、中学生や高校生から、50〜60歳といった幅広い年齢層の人々に、シーカヤックを漕ぐことで見える世界の素晴らしさと、それに気付くためのモチベーションを作るお手伝いだと考えます。人生のある時、本書を手に取って読んだ時、こういう世界があったんだと気付いてもらい、海の世界へ少しでも近づいてほしい。そんな願いが込めてあります。

Photo by 中村隆之

根室海峡を往く2人乗りアリュート・カヤック（バイダルカ）。
往時の構造を忠実に再現したが、皮革はキャンバスで代用。
この20年、日本でも伝統カヤック職人が育った。
まだ数は少ないが、少しずつ増える傾向にある。
日本人こそが、伝統カヤック文化を継承すべき位置にいる。

第1章

シーカヤック文化論

シーカヤックの概念

　シーカヤック（sea kayak）という言葉は、1970年代の後半から80年代初頭の頃に使われ始めました。意味はというと、もちろん「海のカヤック」です。「海洋カヤック」でもいいでしょう。この呼び方は、カナダに住むジョン・ダウドという人が考えました。ダウド氏は、ギネスブックにも紹介された人です。77年から翌年にかけてカリブ海をカヤックで横断し、当時世界でもっとも長くカヤックで航海した人だと紹介されました。そのダウド氏が1981年に著した本、それが「シーカヤッキング」です。84年には「シーカヤッカー」という専門誌を彼は立ち上げ、その頃にはすっかりシーカヤックという言葉が北米では定着していきます。

　カヤックというと、その頃の北米では主に平水面や川で行われる競技用カヌーの一種を意味していました。当時は海でカヤックを漕ぐ人などほとんどいませんでした。ところが、本来のカヤックは競技用カヤックとはかなり違うものです。広辞苑などによると、カヤックは「エスキモーが狩猟に使う両舷漕ぎで軽量の小艇」とあります。その構造は「木の枠にアザラシの皮を張り、漕ぎ手の腰のあたりの皮をひもで締めて浸水を防ぐ」と書いてあります。カイアック（kaiak）とも呼びます。文字を持たなかった人々が使っていた言葉です。

　エスキモーというのは極北地方の、主に海沿いに住む人々を指します。カナダ、アラスカ、グリーンランド、それにシベリア東端部のツンドラ地帯に暮らす人々です。とはいっても、エスキモーは彼らの自称ではありません。他の地域の人々が使ったり、学術用語で使われたりします。なので、カナダではイヌイット、アラスカではユピート（単数形はユッピック）やイヌピアート（単数形はイヌピアット）、グリーンランドではカラーリットなどと自称しています。エスキモーという言葉には「生肉を食う人」という意味があるとされ、それが差別になるとして嫌う人がいるからです。ところが「カンジキをはく人」という意味だという説もあり、差別ではないとする意見もあります。

　まぁ、いずれにしろ極北の民族が使っていた小舟、それが本来のカヤックです。もちろん、狩猟（主に海獣を捕る猟）や漁撈に使用されていた小舟ですから、多くは海で使われ、かなり時化た（荒れた）海にも対応していました。ただ、構造は似ていても地域や用途によって様々な種類がありました。

　その中で特にカヤックが進化したのは、アラスカの西方に連なるアリューシャン列島でした。そこに住むアリュート（自称はウナンガン）の人々は、非常に優

れたカヤックを造りました。海に氷が張らないため、1年中カヤックが使える環境があり、それで高度な構造のカヤックが生まれたと考えられます。それが現在のシーカヤックの原形になりました。また、グリーンランドでもカヤックは違う進化を遂げました。冬は氷で閉ざされる世界ですが、アリューシャン列島とは異なった考え方で進化していったようです。グリーンランドカヤックは、シーカヤックのもう一方にあるデザインの原形になっています。

　伝統的なカヤック文化は20世紀の半ばにほとんど消滅してしまいました。極北地方でもほとんど見ることがなくなり、造り方や漕ぎ方、そして使い方も忘れ去られようとしていました。したがって、シーカヤックは伝統的なカヤック文化が少し形態を変えて甦ったものだといえます。それに、シーカヤックには本来のカヤック文化を継承するという側面もあります。

　シーカヤックは伝統的なカヤックに近い形状の小舟です。しかし木の骨組みに皮革を張った舟ではなく、主にプラスチックを素材にしたものです。もちろん伝統カヤックのように骨組みと皮革、例えばアルミの骨組みと合成繊維の皮革という組み合わせで作られたシーカヤックもあります。そういう素材を使うと折りたためる構造にできるため、フォールディングカヤックとかファルトボートと呼ばれるタイプもあります。陸上を運搬するのに便利なようにと考えられました。

　今のシーカヤックは漁猟（漁撈や狩猟）には、ほとんど使用されません。基本的にシーカヤックは海を旅するための小舟です。なので、シーカヤックをツーリングカヤック（touring kayak）と呼ぶ場合もあります。ツーリングというのは、すでに日本語化している言葉で、周遊旅行のことです。普通はオートバイの遠乗りを意味しますが、カヌーやカヤックによる遠出もツーリングです。

　シーカヤックは、近代カヌーの一種だというとらえ方もあります。カヤックはカヌーの仲間だという考え方です。近代カヌーは競技用カヌーと旅用カヌーに大別され、カヤックには競技用もあり、その一方に旅用のカヌーであるシーカヤックがあるというわけです。正確には、カヌーとカヤックは違うタイプの舟ですが、その違いは後に詳しく説明します。

　というわけでシーカヤックは、海を主なフィールドにするツーリング用のカヌーになります。旅用のカヌーの一種に、シーカヤックがあるということです。しかし海をフィールドにするカヤックにも、スピードレース用やエスキモーロール（転覆から回復する技術）を楽しむためのモデル、さらにはサーフィン専用などもあり、ツーリング以外の用途に特化したカヤックもあります。

シーカヤックの役割

　さて、ここではシーカヤックが持っている文化的、社会的な役割について考えてみます。前述したように、シーカヤックは海をツーリングするための小舟です。実は、シーカヤック以外に海のツーリングを目的にする船舶は、ほとんどありません。そこが特徴なのです。ヨットなどで旅をすることがありますが、そちらはクルージングといいますからニュアンスが少し違います。ツーリングには、もっと直接的に自然と対峙しながら旅をするような感覚が含まれます。

　20世紀の初頭にドイツのクルト・フォン・ベックマンという文化形態学者が、人と海の関わりには4種類の刺激と4種類の反応があると説きました。海の文化（海洋文化といいます）には、大きく4つの枠組みがあるということです。この枠組みを理解すれば、シーカヤックの役割が見えてきます。

　まず第1に、人類に食料を供給するという刺激を与えてくれる海があります。人は海から魚介類を捕り、食料にしてきました。これが漁撈文化を生みました。2番目には、道という刺激を与えてくれる海があり、これが交易や貿易という行為を生みました。それが海運文化です。そして3番目に、政治的な、権力の手段を行使する刺激を与える海といいますか、海に覇権を求める海軍文化が生まれました。

　本来のカヤックは、もちろん漁撈文化が生み出したものです。その歴史は数千年にも及びます。ところが今のシーカヤックは、その枠組みには入りません。つまり今のシーカヤックは漁船ではないのです。もちろん海運文化にも、ましてや海軍文化にも入りません。シーカヤックは残る4番目の枠組みに入ります。その4番目とは、海を体験することで刺激され、生まれてくる文化です。具体的にいうと、海の芸術や信仰、それに知識といったものです。海洋スポーツなどもその枠組みに入るでしょう。これを海洋芸術文化と名付けましょうか。この海洋芸術文化は、海洋文化の土台になる部分です。

　日本人というのは、世界に類を見ないほど多くの魚を食べる民族です。世界から見れば異常なほどです。だからこそ日本は世界でもっとも漁撈文化が発達、成熟しているのです。また、日本の経済は海運によって支えられています。海上輸送なくして、日本経済は成り立ちません。したがって、海運文化も世界のトップレベルにあります。さらに日本の海を守るための海軍力も、世界有数の規模があります。海上自衛隊は海軍とは呼びませんが、実質的には海軍です。

　そうなると、海洋文化の4つの枠組みのうち3つにおいて日本は世界のトップ

レベルにあることが分かります。この国は世界有数の海洋文化の国であり、それだけ海に依存しているのです。日本文化とは、海洋文化でもあるのです。

　ところが、海洋文化の土台になる芸術文化についてはどうでしょう。ここが問題です。かつての日本は、海洋芸術に溢れた国でした。例を挙げるときりがありませんが、例えば葛飾北斎が描いた浮世絵「神奈川沖浪裏」などはその代表でしょう。海に依存するがゆえに、海を畏敬し、海を大切にする気持ちもそうでしょう。日本文化を根底で支える精神性が、海を愛する心かもしれません。

　しかし悲惨な戦争が始まり、敗戦を経てその後の復興、さらに経済成長を重ねるうちに、経済や政治に直接関わらない部分、つまり海洋芸術文化を、この国の人たちは忘れてしまったようです。日本文化の土台が崩れてしまったわけです。非常にバランスの悪い状態ですが、そんな大事なことにほとんどの日本人が気付いていません。なぜなら、戦前までの豊かな海洋文化を知っている人たちが、もはやほとんどいなくなってしまったからです。自分たちが生まれ、育ち、暮らしている島々。日本人は島に生きていることさえ忘れています。あなたは、自分が島に住んでいると意識していますか？　そんな人は、きっと少ないはずです。

　シーカヤックの役割は、まさにそこにあります。海を体験することは、自分たちが島に住んでいることを思い出させるのです。日本は島国だということは、みんなご存知でしょう。でも、そんな明らかな事実を実感して生きている日本人は、あまりにも少ないのです。シーカヤックのような、伝統的スタイルで海を旅すれば、日本が島だということが肉体を通して理解できていきます。決してここは大陸じゃないと理解します。また、とてつもない数を抱える、島の集合体であるということも理解するようになります。

　さらには、シーカヤックを漕ぎ続けることで、新たな視点が持てるようになります。それは海からの視点です。人は人生のほとんどを陸の上で過ごします。海を考える際も、陸からの視点で考えることが多いものです。例えば、海沿いに豪華なリゾートマンションを建てる時、設計者は陸から海を見ることしか考えません。海からそのマンションがどう見えるか、そう考える人は少ない。じゃなきゃ風景に似合わないマンションは建てないはずです。そこに住む人もまた、自分の住む建物が海からどう見えるかとは普通考えない。海からの視点がないからです。

　シーカヤックには、そんな新たな視点をもたらせる役割があるのです。陸からと海から。その両方の視点が持てれば、日本人はもっとバランスが良くなると思うのです。シーカヤックの役割とは、そんなことです。

北洋のカヌー文化

　シーカヤックは近代カヌーの一種という考え方があるのですが、カヌーとカヤックはどう違うかという、根源的な疑問があります。カヌーとカヤックとは、どう違うのですか？　そんな質問をよく聞きます。

　カヌーというのは、16世紀の西洋における大航海時代の始まりとなったクリストファー・コロンブスによって西洋に伝えられた言葉です。現在の西インド諸島に到達したコロンブスは、先住民であるアラワク族の人々が乗っていた舟に遭遇します。それは、これまでコロンブスが見たことのないタイプの舟でした。大木を刳り貫いた舟で、一人乗りのものから、中には40人とか80人も乗れる舟があったようです。その舟のことをアラワクの人々は「カノー」と呼んでおり、その発音そのままにコロンブスが西洋に報告しました。それがカヌーの語源となりました。

　ラテン語ではcanowもしくはcanoaと表記し、日本語表記ではカノーですが、それが英語（canoe）やドイツ語（kanu）化した時にカヌーに変化しました。したがってカヌーとは、大木を刳り貫いた舟、丸木舟（学術的には刳舟といいます）のことを意味しており、西洋にとっては外来語なのです。

　コロンブス以降、アメリカ大陸や太平洋諸島に進出した西洋人は、モンゴロイドである先住民の丸木舟をすべてカヌーと呼ぶようになりました。丸木舟といってもタイプは様々ありますが、現地の言葉はほとんど無視されたのか、すべてが一括されてカヌーになってしまいました。

　そうなると、コロンブスが本来は目指したとされるジパングの舟もカヌーだったのでしょう。日本列島では世界最古の丸木舟を造るための石斧が、鹿児島県の栫ノ原遺跡から出土しており、丸木舟の系譜は日本の伝統的な舟にも残されてきました。日本列島もまたカヌーの島だったことは間違いありませんし、ひょっとしたら、太古の日本列島人こそが最古のカヌー民族なのかもしれません。

　コロンブスがアラワク族の言葉を報告するより800年ほども前に、カヌーを記述したと思われる文献があります。それが日本最古の文献である古事記と日本書紀です。そこには漢字による当て字で「軽野」や「枯野」と書かれています。明らかにそれは大型の丸木舟の名前であり、しかもカノーとも読めます。なので、それこそが世界最古のカヌーを表記した文献だとする説があります。

　カヤックは前述したように極北の民族が使っていた舟ですが、丸木舟ではありません。丸木舟の材料となる大木がない地で生まれた工夫なのかもしれません。

カヤック民族のすぐ南に暮らしていた人々は、当然ながら丸木舟、つまりカヌーを造っていました。アラスカの南東部からカナダ、アメリカの西海岸には多くのカヌー民族が暮らしていました。また、太平洋の西側でもカヤック民族の南には多様なカヌーの民族が暮らしていました。カヌー文化は、日本列島を始め東南アジアの沿岸部や島嶼部、そして南太平洋の島々に今もかろうじて残されています。

　アラスカ南東部などのカヌー民族は、日本列島の人々と祖先を同じくするといわれていますが、その中間であるベーリング海沿岸やアリューシャン列島にはカヤックがあります。太平洋の東西の沿岸部に存在するカヌー文化ですが、それをつないでいるのがカヤック文化なのです。ということは、カヤックもまた丸木舟から派生したものかもしれません。極北の海に適応するためにカヤックはカヌー民族によって工夫され、進化していったということも考えられます。

　太平洋における人類移動の方向性は、西から東ですから、当然カヌー文化の上流部は、日本列島や中国大陸沿岸にあります。カヤック民族と日本列島人とのつながりがあってもおかしくないわけです。

　これら北洋のカヌー文化に関する考古学的な研究は、今のところほとんど進んでおらず、まさに21世紀に残された課題のひとつです。アメリカ大陸に最初にやって来た人々は、いったいどこから来たのかという人類学の疑問も、いまだ定説がありません。最初のアメリカ人は日本列島から来たのでは？という研究成果をオレゴン大学が発表したのは2007年のことです。

　北海道のアイヌ文化は、南から来た擦文文化と北からのオホーツク文化との融合で生まれたことが、近年分かってきました。しかし、アイヌ文化が成立する以前の、いわゆる蝦夷（えぞ）と呼ばれた人たちのことは、ほとんど分かっていません。千島列島にはアリュート人がいましたが、千島アイヌとアリュート人との関係も、ほとんど闇の中にあります。まだまだ研究が足りないようです。

　こうして考えると甦ったカヤックであるシーカヤックが、これからの時代に果たすべき位置が見えてきます。シーカヤックによる北太平洋の島々へのアプローチが増えることで、太古の人類が移動していった軌跡やその移動のノウハウなどが分かってくるかもしれません。シーカヤックは、北太平洋の人類史をこれから書き換えていく道具かもしれません。

　歴史を学ぶことは未来の展望を開くために必要なことです。シーカヤックの世界を学び体験し、北洋の海洋文化をさらに研究していくことで、これからの人類に大きな展望が開けるのではないでしょうか。

カヌールネッサンス

　1970年代から、南太平洋の島々で始まったカヌーによる文化復興運動があります。それをカヌールネッサンスと呼んでいます。カヌールネッサンスは、ポリネシアの北端にあたるハワイ諸島を中心に始まりました。

　南太平洋の島々は、便宜上ポリネシアとミクロネシア、メラネシアに分かれますが、ポリネシアというのは北端をハワイ諸島、南西端をアオテアロア（ニュージーランド）、そして南東端をラパヌイ（イースター島）とする広大な三角形の海域に点在する島々のことです。太平洋は、地球上にある陸地のすべてに匹敵するぐらいの面積がありますが、ポリネシアはその太平洋の半分近い面積があります。この海域に点在する島々には、ほとんど同じ言葉（ポリネシア語）を話す人々（ポリネシア人）が暮らしていました。

　この広大な海に点在している島々に人々が住み始めたのは、いつ頃で、どんな方法で島に渡ったのでしょうか。18世紀に西洋人としては初めてこの広大なポリネシアの海域を航海し、ポリネシア人という存在に気付いたキャプテン・クック。彼の疑問がそうだったのです。クックの報告以来、ポリネシア人の移動の時期や航海方法は、人類学の謎として残されていました。当のポリネシア人も、文字を持たなかったため記録に残さなかったからです。

　200年後、その謎に挑戦したのが、ポリネシア人であるハワイの人々でした。1975年に進水したポリネシア式の双胴帆走カヌー「ホクレア号」は、祖先が旅した方法と同じようなやり方で航海を始めました。古代の航海術は、ポリネシアではすでに伝承が途絶えていましたが、ミクロネシアのサタワル島という孤島に残っていました。ハワイの人々は、その島の航海術師に教えを乞い、その人を招聘してハワイからタヒチまでの最初の航海を1976年に成功させました。それから30年に渡って「ホクレア号」はポリネシアの全海域を古代の航海術で旅し、ポリネシア人がいかにして海を渡ったかという疑問を学術的に解いていきました。移動の経路についても確かな検証が行われました。また、ハワイ流の古代式航海術もその過程で新たに生まれたのです。

　この「ホクレア号」の航海によって、ポリネシアでは祖先たちの脅威的な航海を知り、西洋化されてきた自分たちのアイデンティティを取り戻していきます。それがカヌールネッサンスと呼ばれる運動です。

　その後、ポリネシアの各地でカヌーが復元され、古代式の航海が頻繁に行われるようになります。また、カヌーによる文化復興は、時を同じくしてカナダやア

ラスカなど北洋のカヌー民族の間でも始まっています。実はその頃にシーカヤックも生まれており、シーカヤックが生まれた背景には、カヌールネッサンスの影響があったとも考えられますし、お互いに影響し合ったのかもしれません。

2007年、その「ホクレア号」は、ポリネシアの海域を抜けミクロネシアを経由して日本列島まで航海して来ました。南太平洋のカヌールネッサンスは、「ホクレア号」の航海によって日本列島まで拡がってきたといえます。シーカヤックが日本に上陸して20年目の節目に、今度は南太平洋のカヌールネッサンスの動きが日本に上陸しました。これも必然的な流れのような気がします。

シーカヤックで海を旅する人々が増え、シーカヤックの文化が日本に定着し始めたタイミングを見計らうように、カヌールネッサンスという考え方が日本でも生まれたことは偶然ではなく必然のように思えるのです。

日本列島には、世界最古級といえるカヌー文化が存在しています。これまでの日本人は、そんなことをすっかり忘れていました。縄文時代の1万年を経て、日本列島には世界に類を見ない魚食文化が根付きましたが、その魚食を支えたもの、それがカヌーによる漁撈文化だったのです。

今でも日本人ほど多量の魚介類を消費する国民はいません。その魚食を支えるのが、カヌーに始まった日本の船舶の歴史です。その証拠に、日本中の漁船には今も地域独特の形状が残っています。他の船舶類は、明治以降に西洋文明の影響を多く受けましたが、こと漁船の場合、今もなおそれぞれの地方で独特な進化をしており、それぞれの海域にあった漁業が営まれています。日本の漁業だけは、西洋の影響がなく、真似もしなかった。つまり、西洋に学ぶべきものがなかった。そういうことだと思います。誇るべき文化なのです。

シーカヤックを含め、海洋のカヌー文化は、そんな日本列島独自の漁撈文化の価値を思い出させてくれます。シーカヤックがもっと日本中に定着し、海からの視点で自分たちの文化を見直すことができれば、21世紀の日本の展望が開けてくると感じます。1万年以上も続く日本の海洋文化。それを見直す。するとカヌーという存在が際立って重要になり、それこそ日本のカヌールネッサンスが興ることでしょう。カヌー民族としての誇りが生まれ、責任までが生まれてくる気がします。

カヌールネッサンスから始まる世界は、もちろんまだ見えていませんが、他には類のない展望、ビジョンが見える可能性は高いと思います。日本のカヌールネッサンスは、1万年もの温故知新です。

カヤックの歴史とアウトドア

　前項で丸木舟、つまりカヌーの歴史に触れましたが、カヤックに関しては、ほとんど歴史に登場しません。歴史とは文献などに残されたもので構築されますが、カヤック民族は文字を持たなかったため、カヤックが歴史に登場することは、ほとんどないわけです。また、カヌーのように考古学的な遺物もほとんど出土しません。したがって、カヤックが歴史に登場するのは、カヤック民族と西洋人が接触した以降のことです。

　グリーンランドに北欧のヴァイキング（ノース人）が初めて上陸した西暦980年頃、彼らはカヤックを目撃していたと思われますが文献には残っていません。その後、1580年頃にロシア人が率いた武装移民団であるコサックの人々がシベリアに遠征を始め17世紀初頭に太平洋岸まで進出。そこでも出会っているはずですが、やはり記録がありません。

　記録に現われ始めるのは18世紀になってからです。1741年、ロシアのピュートル大帝に仕えたデンマーク人探検家ヴィトゥス・ヨナセン・ベーリングが2度目の遠征でアメリカ大陸（アラスカ）を発見します。その帰路、今のシュマギン諸島でカヤックと遭遇します。その報告をしたのが、ベーリングの「聖ピョートル号」に乗船していたドイツ人の医師で博物学者のゲオルグ・ウィルヘルム・ステラーです。ベーリング隊の僚船「聖パウェル号」も、別の地点でカヤックに遭遇したことが船長アレクセイ・チリコフの航海日誌に書かれてあります。

　ステラーは、絶滅したステラー海牛やトド（英名はsteller's sea lion）などに名を残した博物学者で、著作のひとつに「カムチャツカ誌」があります。ステラーの部下だった植物学者ステパン・ペトロウィチ・クラシェニンニコフは、ステラーに先駆けてカムチャツカ半島を研究しており、不慮の死を遂げたステラーの論文と合わせて1755年に「カムチャツカ誌」を出版します。そこにもカヤックが登場します。

　ところが、ステラー目撃より前の1732年、ベーリング1度目の遠征が終わった翌年にベーリングらが建造した「聖ガブリエル号」を使った地理学者のミカエル・クヴォツデフの一行が偶然にも大陸を発見。彼らはそこを島と思っていましたが、その途上でアラスカ沖のキング島でカヤックと遭遇します。その記録が、文献に初めて登場するカヤックです。

　1778年、キャプテン・クックの第3次探検でもカヤックは目撃されて文献に記録されます。カヤックはこの頃から他の世界に知られるようになったのです。

その後、アリューシャン列島のカヤックは、バイダルカというロシア語で呼ばれるようになりますが、それは後にアラスカやアリューシャン列島がロシア領になったからです。しかし、アラスカやアリューシャン列島は、19世紀になり（1867年）ロシアからアメリカに売却されました。

　歴史にはなかなか登場しなかったカヤックですが、考古学ではもっと古くから存在していると考えられています。デンマークの考古学者ヘルゲ・ラルセン氏により、アラスカのセワード半島で発見されたカヤックの船体布（シールスキン）は、2000年ほど前のもので、その頃カヤックが存在していたことを裏付けます。カヤック研究者のデビッド・W・ジマリー氏によると、5000年前から存在していてもおかしくないといいます。そんな太古から存在したカヤックの文化が、なぜ今になって甦ってきたのでしょう。それはカヌールネッサンスの影響もありますが、その奥にあるのがアウトドア文化の隆盛です。

　アウトドア文化は、1970年代から北米で始まります。その頃はバックパッキングと呼ばれていました。都市を離れ、道なき荒野を歩いて旅をする。背負ったザック（バックパック）に生活道具のすべてを入れ、何日も自然の中を旅をする。北米の文明がある種行き詰まったと感じていた若者たちの間で、バックパッキングは流行しました。その動きは世界に拡がり、世界中で歩いて旅する若者の文化が生まれたのです。それがアウトドア文化へ進化していきました。

　歩いて旅をする行為は、太古の人々と同じスタイルです。北米のバックパッカーたちは、先住民文化にバックパッキングの本質を見出していきますが、逆に先住民文化の復興にバックパッキングが寄与したともいえます。世界的なアウトドアウェアメーカーであるパタゴニア社を創設したイヴォン・シュイナード氏は、ビジネス社会が先住民文化を破壊した、だからアウトドア・ビジネスを成功させることで先住民文化を継承しようと考えてきたそうです。

　カヌールネッサンスによる文化の復興、そしてアウトドア文化による文化の継承、このふたつの要素がつながり、シーカヤックという海のバックパッキング、手漕ぎの舟で海を旅する世界が生まれたと考えられます。そういった文化的背景の下に、シーカヤックは80年代に日本に上陸し、今や定着しつつあるわけです。日本におけるシーカヤックは、カヌールネッサンスとアウトドアというふたつの要素はもちろん、さらに現代の日本が忘れてきた要素を加えることで文化的に成熟していく気がしています。未来が見えないような今の渾沌とした日本社会において、シーカヤックは確かな道筋を見せてくれる、そんな予感さえしています。

エコロジーとシーカヤック

　エコロジーという言葉があります。本来は生態学のことで、生物の生活に関する科学と定義されているようです。1873年にドイツの生物学者エルンスト・ヘッケルが造語し提唱した言葉で「すべての人の家」という意味です。ただ、今使われるエコロジーは、エレン・スワロー・リチャーズによって1892年に創唱されました。女性に教育など必要ない、といった風潮が強かった時代にボストンのマサチューセッツ工科大学に女性として初めて入学した人です。彼女は上下水道の水質検査から研究を始め、家政学（ホーム・エコノミクス）を確立。その確立の途上でエコロジーを創唱します。後には全米で最古の海洋研究機関、ウッズホール海洋生物研究所の設立にも大きな役割を果たします。

　しかし、彼女が創唱した20世紀初頭のエコロジーは一旦は忘れ去られ、世界は戦争の時代へと突入します。そして戦後になり、海洋生物学者で女流作家のレイチェル・カーソンが1962年に出版した「沈黙の春」によって、今につながるエコロジー運動が復活したといわれます。カーソンが、初めて海の世界に出会ったところ、それがウッズホール海洋生物研究所でした。今のアメリカのエコロジー運動のひとつの拠点がその研究所です。

　このようにエコロジーの成り立ちを考えると、水や海との関わりから始まったことが分かります。エコロジーは、水俣病に代表されるような工業化によって起こった公害問題解決のために生まれた様々な活動といえます。公害は、海や自然界への感謝を忘れた結果として起こりました。

　そして今は「地球に優しい」といったお題目が盛んに使われたり、また「エコ」などと省略されて語られます。でもそんな風潮は、どこかで本質からズレている気もします。なので、シーカヤックはエコロジーです、などというと誤解をされそうなほどです。

　バックパッキングやシーカヤックによって生まれた価値観は、行動することでエコロジーを理解することにあると思います。地球の生態系の中で生かされている自分を知るということでしょうか。シーカヤックの旅で使用する道具類も、今はすべて工業製品です。かつてのカヤックのように分解されて自然に帰るような、リアルなエコロジーの世界ではありません。1000年後の未来にも今のプラスチック製シーカヤックは、痕跡をとどめていることでしょう。痕跡が消えるのは、シーカヤックを漕ぐ人間自身だけかもしれません。

　旅は移動することですので、シーカヤックは移動の手段でもあります。現代の

移動手段は、素足で歩く以外すべて工業製品によって作られていますし、それなくして移動することもできません。靴だって工業製品です。

　しかし、道なき荒野を歩いて旅したり、シーカヤックで海を旅する行動を伴うことで、人は自分が自然の一部であるということを実感していきます。特に日本の場合は島であり、地形が急峻なため陸上に道なき荒野（正しくは曠野です）はありません。大陸には砂漠のような世界がありますが、日本にはない。ところが海は違います。もちろん海の道という観念はありますが、人や獣の手（足？）によってできた道ではありません。海は概念として歩ける荒野（曠野）そのものです。シーカヤックが移動する海面というのは常に動いており、その動き、つまり自然の動きに合わせて移動しなければなりません。人間の自由にはならないわけです。

　こういう世界を旅することで、人は自然や海という存在に感謝するようになっていきます。「今日も海が穏やかでした、ありがとう（有り難う）」です。こんなに穏やかな海は、有り得ない。そんな気持ちです。感謝というより畏敬といった方がいいかもしれません。

　人が生きていく上で、もっとも大切だと思われることは、そういう自然への畏敬ではないでしょうか。とはいえ、自然を畏敬していれば公害は起こらなかったかもしれませんが、逆に工業化もできなかったのでしょう。工業化は、わずか250年ほど前、18世紀半ばに始まったことです。人々はその恩恵だけに甘え、負の部分までには考えが回らなかった。工業化に対し人類は未熟だった。その反動がエコロジーといった考え方を生み出し、シーカヤックもまた生まれてきたと考えられます。

　エコロジーやシーカヤックの文化をアメリカが生み出したのは、19世紀末にはすでにもっとも工業化された社会ができていたからでしょう。日本はその時代に工業化が始まり、戦後になってようやく工業化されました。アメリカはすでに脱工業化が進展していますが、日本が進むべき道の先にアメリカはいないかもしれません。日本独自の道、その模索が必要なはずです。

　日本語の「旅」は「賜ぶ（たぶ）」からきているといわれます。つまり何かを賜るのが旅です。また「たぶ」は「食ぶ」でもあります。「食べる」は「食う」の丁寧な言い方です。食べ物もやはり自然から賜るもの。旅＝賜ぶ＝食ぶという図式が分かると、シーカヤックの旅には大きな意義が見えます。旅の原点は食べるため、そして賜るための行為でした。自然界から何かを賜るために旅は始まりました。自然の動きに翻弄されるシーカヤックの旅は、自然から何かを賜る行動なのです。

海洋基本法の成立

　2007年、議員立法によって成立し4月に公布、7月に施行されたのが海洋基本法です。日本はそれまでの長きに渡って、四方を海で囲まれた島国でありながら海洋に関する基本的な法律さえ持っていなかったのです。それまで日本は、海洋国家ではなかったということです。この法律により、ようやく日本は統合的に海洋に関する政策が行なえるようになりました。

　まず、総合海洋政策本部が内閣官房に置かれています。総理大臣を本部長に、官房長官と海洋政策担当大臣が副部長、そしてすべての国務大臣が部員となり、海洋に関する施策を集中的かつ総合的に推進することになっています。そして海洋基本計画というものが、立案されています。

　法律の中身は、ウェブサイトでも読めるのですべてには触れませんが、この基本法には、シーカヤックとの強い関係性が見えています。

　まず、第5条には、海洋産業の健全な発展というのがあります。「海洋の開発、利用、保全等を担う産業（以下「海洋産業」という。）については、我が国の経済社会の健全な発展及び国民生活の安定向上の基盤であることにかんがみ、その健全な発展が図られなければならない」と書いてあります。つまり、シーカヤック産業もまた健全な発展が図られなければならないわけです。

　また第10条には、事業者の責務があります。シーカヤック事業者もその中に入るはずです。「海洋産業の事業者は、基本理念にのっとりその事業活動を行うとともに、国又は地方公共団体が実施する海洋に関する施策に協力するよう努めなければならない」です。それに第11条には、国民の責務があります。「国民は、海洋の恵沢を認識するとともに、国又は地方公共団体が実施する海洋に関する施策に協力するよう努めなければならない」というのです。シーカヤック事業者はもちろん、国民もまた国や地方公共団体がシーカヤックを使って何かを行なう場合、責務として協力することになります。

　もちろんその前に、国と地方公共団体に海洋に関する施策を行なう責務があり、それは第8条と第9条に書かれてあります。

　第24条には、こういう条項もあります。海洋産業の振興及び国際競争力の強化として、「国は、海洋産業の振興及びその国際競争力の強化を図るため、海洋産業に関し、先端的な研究開発の推進、技術の高度化、人材の育成及び確保、競争条件の整備等による経営基盤の強化及び新たな事業の開拓その他の必要な措置を講ずるものとする」というのです。シーカヤック産業を振興したり、新たにシーカ

ヤック産業を開拓することを、国が率先して措置を講じてくれるわけです。

　第28条には、海洋に関する国民の理解の増進等とあります。「国は、国民が海洋についての理解と関心を深めることができるよう、学校教育及び社会教育における海洋に関する教育の推進、海洋法に関する国際連合条約その他の国際約束並びに海洋の持続可能な開発及び利用を実現するための国際的な取組に関する普及啓発、海洋に関するレクリエーションの普及等のために必要な措置を講ずるものとする」というのです。

　海洋教育を国が率先してやることになったわけです。この条文の中でも、特に海洋教育を推進する部分とレクリエーションの普及にこそ、直接的にシーカヤックが必要になってくると考えます。ここでいう海洋教育というのは、海洋の基礎教育だと思います。シーカヤックでまず海へと漕ぎ出してみる。そこから海洋教育の第一歩が始まると思います。

　また離島に関する条文もあります。概ね離島では、産業はおろか人口が激減している場合が多いのですが、そんな島でシーカヤックの事業を始める人が少しずつ増えています。それは離島の環境がシーカヤックに適している場合が多いからです。

　第26条には離島の保全等とあり「国は、離島が我が国の領海及び排他的経済水域等の保全、海上交通の安全の確保、海洋資源の開発及び利用、海洋環境の保全等に重要な役割を担っていることにかんがみ、離島に関し、海岸等の保全、海上交通の安全の確保並びに海洋資源の開発及び利用のための施設の整備、周辺の海域の自然環境の保全、住民の生活基盤の整備その他の必要な措置を講ずるものとする」というのです。離島でシーカヤックを事業にする場合にも、この法律はバックアップしてくれるようです。

　海洋基本法の成立によって日本はシーカヤックを国策にできる可能性ができました。大きな変革が起こる可能性が出てきたということです。

　これまでシーカヤックに直接関係する法律は、ありませんでした。間接的にも海上衝突予防法ぐらいしかありませんでした。海洋基本法と同じように2007年に施行された観光立国推進基本法やエコツーリズム推進法といった法律は、時代の変革を教えています。アメリカ合衆国に初の黒人系大統領が就任し、環境問題に取り組む動きが加速し始めています。シーカヤックの世界が生まれたことで、一旦は消え去ったカヤック文化がなぜこの時代に甦ったのか。これらの法律の制定や環境問題への関心など、時代の要請があると思わざるをえません。

学校教育とシーカヤック

　海洋基本法の成立によって、国は国民に対して海洋教育を施さなければならないことになりました。その教育というのは、専門の海洋教育というより基礎的な海洋教育のことを主に意味していると思います。

　シーカヤックを海洋教育の道具として使用している例は、すでに日本国内にも現われていますし、これからどんどん増えていくことでしょう。シーカヤックを教えること、シーカヤックスクールなどで教えている内容を考えますと、それはそのまま海洋基礎教育だということが分かります。シーカヤックをやることがそのまま海洋教育になっているということです。

　本書の目的（p.9）でも書きましたが、シーカヤックはある種の社会教育であり、学校教育にも導入できるものです。シーカヤックを教育に導入しやすい環境にある学校は、大学、高校、中学といった段階を問わず数多くあります。実際に導入している大学、高校、中学もあり、公立の学校にもあります。海洋基本法が成立する前から、それらの学校関係者は、学校教育にシーカヤックが導入できると気付いていました。ある中学では、校長先生が趣味として実際にシーカヤックを漕いでおり、それで授業に取り入れた例もあります。その中学では、シーカヤックを購入し、その授業にプロのシーカヤック・インストラクターを招き、定期的な授業としてシーカヤックを学んでいます。

　シーカヤックの役割の項（p.16）でも述べたように、日本は海洋文化に関して世界でも類を見ないほど成熟しているところです。したがってそれぞれの海洋教育に関しても水準の高い教育が行なわれています。漁撈文化に関しては、全国に都道府県立の水産高校があり、水産大学校や水産系の大学、学部があります。海運文化にしても商船などの船乗りを育てるための大学、専門学校が全国にあります。海軍文化に関しては、防衛省の防衛大学校、海上保安庁の海上保安大学校などがあり、それぞれに専門の教育を行なっています。また、海洋に出て行くための船舶を建造する技術、つまり造船の分野でも教育環境は充実し、日本は突出した造船量を誇っていました。一時は衰退していた造船業ですが、近年は回復の兆しもあります。韓国や中国に量では追い抜かれていますが、この東アジア3国で世界中ほとんどの船舶を建造している状況があります。

　ただ、時代の変化が訪れており、日本中にある水産高校は、その役割を水産ではなく海洋全般にシフトし始めています。水産高校という名称が、海洋高校などに変更されるケースが増えています。また商船に関しても、かつては東京商船大

学や神戸商船大学という船乗りを育てるための大学がありましたが、今は新しい大学になっています。東京商船大学は東京海洋大学海洋工学部に、神戸商船大学は神戸大学海事科学部になっています。

　これら学校教育のシフトは、水産と商船を統合した東京海洋大学の例が象徴的です。東京海洋大学のもうひとつの学部、海洋科学部の前身は東京水産大学です。東京商船大学と東京水産大学が統合され東京海洋大学という新しい大学が開学されました。国立大学では唯一、海洋研究と海洋教育に特化した大学です。つまり日本の海洋教育の最高学府という感じでしょうか。

　この東京海洋大学では2008年度（平成20年度）よりシーカヤックを導入し、本格的な授業を始めました。当面は、海洋科学部の授業として集中講座を行なっています。もちろん正式な単位として認められています。この初めての授業は、本書の執筆中に行なわれ、実は僕が講師を務めました。

　その経験を踏まえて書きますと、海洋大学でのシーカヤック授業は確かに大切なものです。海洋大学とはいえ、学生たちの中には、ほとんど海洋での経験がない人たちもいます。海洋研究者や海洋教育者を志す学生たちですから、自分の力だけで海洋の世界へ漕ぎ出せるシーカヤックを経験することは、その動機付け、モチベーションを強くできると考えられます。県立の海洋系高校などと連携することで、高校時代からシーカヤックを授業に取り入れることができれば、さらに動機付けがはっきりしていく気もします。

　海洋基本法によって、国策ともいえるようになった海洋教育者の育成にもつながっていきます。実際、海洋大学のシーカヤック講座は、海洋教育者育成の一環として行われたものです。また、シーカヤック事業者としての職業訓練的な方向性も見出せるでしょうし、シーカヤック事業者を育成する側の人材確保になる可能性も出てきます。シーカヤックを教えることは、そのまま海洋基礎教育になるからで、すでにシーカヤックを教えている人たちは、実は海洋教育者でもあるわけです。

　さらには、海洋研究の手段としてダイビング技術が必要なように、シーカヤック技術が海洋研究の手段になることも考えられます。現実に欧米の海洋学者の中には、シーカヤックを使って研究をしている例があるようです。移動の手段や環境観察などの手段としてシーカヤックは充分に使えるものなのです。シーカヤックが国内に拡がり、日本人の多くがシーカヤックを体験しているような環境になると、日本は世界の海洋文化、引いては人類が抱える環境問題を牽引する存在になれるはずです。

地球温暖化への対応

　この項では、将来シーカヤックがもたらすであろう可能性について論じようと思います。今、地球は確実に温暖化の方向へ動いていると世界的にいわれています。科学的にも、そういう結論のようです。地球温暖化がもたらす環境の変化、それは今の人類にとってかなり不都合なことになります。しかし地球温暖化への即応は、他にも様々な問題を抱える人類全体にとって、かなり難しいことです。とはいっても、ただ悲観的にこのままの状態を続けるわけにはいきません。人類には、他の動物にはない、知恵や英知というものがあるはずです。

　エコロジーとシーカヤックの項（p.24）でも書きましたが、エコロジーは公害への対応といった価値観を持っていますが、それが今や地球温暖化への対応につながっています。地球温暖化は人類が引き起こした公害であるという意見が強いからです。二酸化炭素の排出量が増えたのは人類の化石燃料の使用という活動によるもので、つまりは公害ということでしょう。もちろん、それがすべてではないでしょうが、一部では正しいと思われます。二酸化炭素排出量の商業的な取引まで、人類は行なおうとしています。

　二酸化炭素だけが温室効果ガスではありませんが、単純にするため二酸化炭素とシーカヤックについて考えてみます。シーカヤックの旅で排出される二酸化炭素は、どれほどのものでしょう。数値的なものは分かりませんが、何しろ手漕ぎの舟ですから、人が吐く息や上陸して焚き火や携帯コンロで食事を作ったりする時ぐらいでしょうか。人が生存するためだけに排出される量とそれほど変わらないと考えられます。もちろん、道具類を製造する過程での排出量は別ですし、旅の前後にシーカヤックを運搬するために自動車を使えばそれだけ排出量は増えます。また、電気もほとんど使いません。夜になるとヘッドランプなどを使用しますが、その量は1週間で単3電池にして2本か、せいぜい4本です。天気予報を聞くためや緊急の際に使用する携帯電話にも電気は使われますが、それほどの量ではないでしょう。

　つまりシーカヤックで純粋に海を旅しているだけなら、ほとんどエネルギーの消費はないのです。だからといって、それが地球温暖化への対応になるといった短絡的な話ではありません。

　フランスの作家で飛行士だったアントワーヌ・ド・サン＝テグジュペリという人がいます。「星の王子さま」で知られますが、「人間の土地」という作品があります。その冒頭に書かれた文章です。堀口大學という人が翻訳したものです。

「ぼくら人間について、大地が、万巻の書より多くを教える。理由は、大地が人間に抵抗するがためだ。人間というのは、障害物に対して戦う場合に、はじめて実力を発揮するものなのだ。（中略）農夫は、耕作しているあいだに、いつか少しずつ自然の秘密を探っている結果になるのだが、こうして引出したものであればこそ、はじめてその真実その本然が、世界共通のものたりうるわけだ。これと同じように、定期航空の道具、飛行機が、人間を昔からのあらゆる未解決問題の解決に参加させる結果になる。」と。

　この文章から、シーカヤックの世界も見えてきます。サン＝テグジュペリは、この文章を当時の郵便飛行の世界を表現するために使用していますが、大地を海洋に、定期航空を旅に、飛行機をシーカヤックに置き換えれば分かります。つまり、旅の道具であるシーカヤックが、人間を地球温暖化という未解決問題の解決に参加させる結果になる。そういうことです。

　温暖化の対応には海からの視点が重要です。二酸化炭素をもっとも吸収しているのが海だからです。ところが、人類全体の視点は、海からの視点にはなっていません。日本人もその視点を忘れています。例えば海の森（海中林）である藻場などの二酸化炭素吸収量などはとてつもないものですが、あまり知られていません。世界中で海藻や海草の森が失われていることを危惧している人は少ないのです。

　例えば日本の面積の10％（4万 km^2）ほどの海域に海の森があれば、日本全体で毎年放出されている二酸化炭素は、ほとんど吸収し固定してしまう試算があるほどです。温暖化によって海面の上昇もはっきりとしてきています。人はそれに対応しなければなりません。シーカヤックによって地球温暖化に対応できる人が生まれる、そんなことが重要なのです。

　シーカヤックで海を旅する人には、海に対する気概や尊敬、さらには畏れが培われます。西洋人であるサン＝テグジュペリは、自然を障害物と書きましたが、日本的な感覚でいうと、自然は障害物ではありませんし、自然が抵抗するわけでもありません。書き方を変えると、海や自然を畏敬し、気概と意欲のある人間が生まれるということでしょう。

　この日本的な自然に対する感覚、もっというと東洋的な感覚での自然に対する気概、それがシーカヤックによって培われるところが重要だと考えられます。海には抵抗しないし、できない。それでも気概を持って生きていく。温暖化に抵抗できないといわれる今、それを障害だと思わず、人が生きていける道筋を見つける。そんな気概のある人々を育てるためにシーカヤックが存在していると思いたいのです。

平和とシーカヤック

　シーカヤックを漕いで旅するという行為は、本来個人的なものです。とはいっても、単独行をするソロカヤッカーは、意外に少ないもの。実際は二人以上の集団で旅をする場合が多いのですが、その時そこにはシーカヤック隊のような、チームが生まれています。

　一人乗りシーカヤックを漕ぐ場合、その人は初心者であろうと、そのシーカヤックの船長です。好むと好まざるとに関わらず、そうなっています。単独行の場合は、すべて自分の判断で行動しなければなりません。ある意味その旅は、非常に自由度が高いものです。誰にも束縛されず、リスクはありますが自分だけの世界です。自由と責任が自分一人に課せられます。助けがないことを前提に、海と自分との関係を読み取りながら、自己責任と自分の技術に賭ける行為こそ、シーカヤック乗りという生き方です。

　しかしながら、現実は自己責任とはいえ遭難することで社会に大きな迷惑がかかります。家族を悲しませ、シーカヤックの世界を目指す人々に自信を失わせたり、シーカヤックの安全性に社会が疑問を投げかけたりします。とはいえ、リスクを最小限に抑えた単独行は、自立したシーカヤック乗りになるための大切な要素です。

　でもそれがシーカヤック隊になると、事情が変わります。シーカヤック隊は、船長の集合体です。その場合、単独行とは違った自由さを覚えなければなりません。それぞれの船長の勝手な判断で動くと、隊がうまく機能しないからです。目的地へ到達できないことだってあります。なのでシーカヤック隊においては、船長同士が穏やかな自立関係でいることが大切です。その穏やかな状態、それが平和という言葉が持つ意味です。シーカヤック隊においては、船長同士の平和な関係がとても大切な要素になります。

　日本人の場合、日本国憲法のもとに生活していますが、その憲法に多用されている言葉もまた平和です。日本人である限り、その憲法に書かれたことを守らなければなりません。俗に平和憲法とも呼ばれるこの憲法には、日本国民は平和を念願したり、維持したりしなければならず、特に第9条では、国際平和を誠実に希求しなければならないと書いてあります。希求とは願い欲することですが、憲法の原文になった英語の文ではaspiringとあり、それは大志を抱いたり、高い目標を目指しているという形容詞です。希求するは、動詞のlongになります。英語と日本語とでは、翻訳に微妙な違いがあるようです。

日本国憲法は、アメリカ側からの提案から生まれたものですが、そのアメリカの憲法にもまた規範があったことが近年分かってきました。アメリカ東部の先住民であるイロコイ族の憲法「大いなる平和の法」がそれで、今も効力が残っているものです。このイロコイ憲法がアメリカの憲法に影響を与え、その後のフランス人権宣言にも影響を与えたともいわれます。日本国憲法の平和主義はアメリカ先住民の伝統が間接的に甦ったもののようです。

　日本国憲法にあるように、今の日本人は平和を目指し、大志を抱きながら生きなければなりません。平和とは穏やかで変わりのないさまであり、戦争がなくて世が安穏である状態のことです。でも戦争は、相変わらず世界各地で続いています。日本国内でも激しいビジネス競争といった戦争があります。日本国憲法の理念は、その点でもまったく果たされていません。

　ところが、シーカヤックと平和を考えると、ひとつのヒントがあります。それがこの項のテーマです。前述したようにシーカヤック隊による旅では、船長同士の平和的な関係が求められます。また、海と自分との関係においても、平和な状態が求められます。つまり穏やかな海じゃないとシーカヤックの旅はできないということです。ここが大事なことです。

　穏やかな海のことを「なぎ」といいますが、漢字では「凪」もしくは「和」という字を当てます。反対に荒れた海は「しけ」で、「時化」と書きます。時化た海にシーカヤックで出て行くことはできないのです。そこで風待ちや潮待ちなど、その時を待つことを覚えます。海が和（凪）になるまで待つ。つまり、平和が来るまで積極的に待つことを覚えます。

　さらには、平和な海を探したりもします。島のこちら側は時化ているけど、反対側は風裏になっているから和（凪）だろうと、探す努力をします。そこまで辿り着ければ平和になる。そう思うわけです。平和を探す努力をするわけです。そういう心根をシーカヤックの旅は育ててくれるのです。また、風待ちをする見知らぬ町で、見知らぬ人との平和的な出会いだって生まれることでしょう。

　平和主義の古典だと僕は解釈しているのですが、日本書紀に書かれた、俗にいう十七条憲法というのがあります。最初の条の「以和為貴」いわゆる、和を以て貴しと為すという文言です。日本人は8世紀からすでに平和を知り、平和を求めていたのだと思います。日本風が「和」風なのも、そういうことかもしれません。もう一度、日本語の「平和」という言葉について考え直すことを、シーカヤックの旅を通じて行なえるのです。しかも心底から。

島（シマ）ということ

　日本が島国だということは、みんなご存知のことでしょう。しかし、この国に島の数がいくつあるかとなると、意外に、というか教育されていないので、知られていません。日本には、驚くことに6852島もの島があるとされています。この数字は、1987年に海上保安庁が「海上保安の現況（海上保安白書）」で発表した数です。周囲が100m以上あり、橋や細い防波堤のようなものでつながっている場合も島とし、それより広くつながっている場合や埋め立て地は除外してあるそうです。海図をもとに丹念に数えた結果、そんな数字が出てきました。

　また、これらの島々の周囲、つまり日本の海岸線の長さを合計すると、やはり驚くような数字になります。日本の海岸線の総距離は、3万3889kmもの長さがあるといいます。地球一周が約4万kmですから、その距離観がお分かりいただけるでしょう。これだけ長い海岸線を持つ国は、世界でもそうそうありません。データの取り方にもよりますが日本の海岸線距離は世界の10指以内に入るようです。中には世界で6番目というデータもあるようです。つまり日本は、膨大な数の島と長大な海岸線に囲まれた国だということです。

　また領土に接する帯状の海を領海といいますが、沿岸（正確には基線というものがあります）から12海里（約22km）までの海が日本の領海になります。これは領海法という法律に記されています。この法律は1977年に公布されました。さらに1986年に交わされた国連海洋法条約に沿うよう一部改正され、現在に至っています。明治以来、日本の領海は3海里（約5.6km）と考えられていましたが、今は12海里に規定されています。

　また沿岸から200海里（約370km）は、EEZ（排他的経済水域）と呼ばれます。日本の経済的な主権が及ぶ海域で、海洋資源の管理や海洋汚染に対しても義務を負う海域です。日本のEEZ面積は、やはり驚きますが、世界で6番目の広さがあります。日本の国土（つまり島）の面積は、世界で60番目ぐらいですが、島の部分にEEZの面積を加えると、日本は世界で9番目の広大な国になるのです。ちなみに日本の最東端に位置する南鳥島（マーカス島）は周囲400海里以内に島がなく、この島を中心にした半径200海里の円形海域は、日本の飛び地といいますか、飛び海域になっており、日本領土でこの島だけが日本海溝の東側、太平洋プレート上にあります。

　それと日本を取り巻く海の名前をご存知でしょうか。普通は、太平洋、日本海、東シナ海、オホーツク海でしょう。でも、国際的な取り決めによると、そこ

にフィリピン海がプラスされます。伊豆諸島や小笠原諸島の西、伊豆半島から紀伊半島と四国の南、九州や沖縄の東にある海は、実はフィリピン海と呼びます。太平洋の付属海です。1952年に国際水路機関（IHO）が定めたものですが、政府を始め日本の公的な機関は、いまだに表記を変えません。フィリピン海という名が加わると、日本を取り巻く海の環境のイメージが変化します。

　日本の島のすべてをシーカヤックで旅をしようと考えても、1人の人生ではほとんど不可能なことです。1日1島で6852日、18年以上かかります。2日に1島だと36年です。シーカヤックにとって、日本は小宇宙のようなものです。

　さて、そもそも島とは何でしょう。大意では、周囲を水に囲まれた小陸地のことですが、それ以外にも意外！な意味があります。それは縁（よすが）とか、頼りになるといった意味です。縁とは、拠り所のことです。縄張りといった意味も島には含まれます。英語のアイランドも島ですが、こちらには孤立したものという意味があり、日本語の島に含まれる縁などとは逆のニュアンスになります。島＝アイランドではないのです。アイランドは、島を外から見ている感覚でしょう。逆に島は、島の内側から見ている感覚でしょう。

　これは日本人と島の関係が、いかに深いかを意味しています。古来より日本人は島が拠り所だったのです。ところが今や島とアイランドが同じ意味で使われます。島に住んでいるにも関わらず、多くの日本人は島を縁とは思わず、大陸から見ているような感じなのです。特に本州、北海道、九州、四国に住む人たちにとって、島というのは離れ島のことを意味することが多く、自分たちは島の人ではないような感覚を持っています。本土という言葉にもそんなニュアンスを感じます。

　もちろん本州島などは巨大な島で、世界で7番目の大きさがあります。北海道島でも世界で21番目、九州島が36番目、四国島も49番目の面積があり、個人レベルの感覚では島という感じがしないのも当然でしょう。となると、島に含まれる縁という感覚は、自分の縄張りのようなところ、言い換えれば、自分の故郷に通じるかもしれません。島は、自分の故郷という意味にもなるんじゃないでしょうか。島＝故郷、そんな構図は美しいと思います。

　シーカヤックで海から陸を見る。するとそこには自分の島や自分の故郷がある。シーカヤックからの、そんな視点で島を考えると、故郷も島国日本も自分の拠り所だということが分かってくるはずです。故郷を大切にする気持ち、そんな心までもシーカヤックは育んでくれる気がします。

島の文明

　21世紀初頭の今、人類社会には、大きく7つか8つの文明があるといわれます。1990年代にアメリカの政治学者サミュエル・ハンチントン氏によって、そんなことがいわれ始めました。冷戦による東西の衝突が終わった後には、中華文明、日本文明、ヒンドゥー文明、イスラム文明、西欧文明、ロシア正教会文明、ラテンアメリカ文明があり、さらにあるとすればアフリカ文明があるといいます。日本には独自の日本文明があるという見方です。日本文明があるといわれ始めたのはもっと前からですが、確かに日本には他の文明にない、独自の文明があるようです。

　これら現代文明の中で、日本文明以外は多国間にわたる大陸の文明だということに気付きます。日本だけが独自の文明を持ち、それは大陸ではなく、島の文明だということになります。世界から見れば、日本文明は、それこそ孤立するアイランド文明になるわけです。

　島の文明にとって、回りを囲む海との関係は非常に深いものです。島文明は言い換えると、海の文明かもしれません。日本人だけが突出して魚介類を食べることもその証なのでしょう。神話の時代から海との強い関わりがあったこともそうです。そうなると世界の文明は、大陸文明と海洋文明という二元的なものになるのかもしれません。極論すると、文明は陸と海に分かれているのかもしれません。

　確かに日本列島人には、すでに3世紀の段階で太平洋を渡っていたような形跡があります。魏志倭人伝にそんなことが書いてあります。「女王国の東、船行1年にして至る裸国、黒歯国」の記述です。日本から東へ船で1年も航海したところにある国のことを、倭人（当時の日本列島人）は知っていたという記述です。これはすでに太平洋横断をしていたかのように読めます。おそらく縄文時代から日本列島人は、太平洋に漕ぎ出していて、その結果として南米に辿り着いた可能性がある。そう感じる根拠のひとつです。

　江戸時代に書かれたカヤックの記録（「北槎聞略」、「辺要分界図考」、「環海異聞」）があります。そこには、漂流をもいとわず海に出て行くことに大志を抱いていたかつての日本人の気概を感じます。海外に雄飛する、そんな気分を持った人たちです。今よりもっと海からの視点を持っていた連中がいたと思います。

　シーカヤックから見る日本は、非常に美しいのです。今もそうなのです。人工物が見えると興醒めしますが、伝統的な人工物が見える分には、それはそれで美しい。それこそ浮世絵の世界がそこにあります。自然の海岸だけが美しいわけで

はないのです。あまり美しいと感じない人工物が、海から見られるようになったのは戦後のことでしょう。それは人工物を作る人たちが持っている価値観が変化したせいかもしれません。わずか3年半ほどの太平洋戦争（大東亜戦争）が、日本人の自信を奪い、価値観を大きく変化させたようです。

　ところが、日本文明が独自の島の文明、海の文明だという観点から日本を見直していけば、再び価値観が変化するように思えます。それは、決して戦前の価値観に戻るわけではありません。日本における1万年ものカヌー文化を自覚し、シーカヤックの旅を体験をすることで見えてくるものです。

　「文明は誰もが参加できる普遍的なもの、合理的なもの、機能的なもの」と書いたのは司馬遼太郎氏です。

　逆に「文化は不合理なもので、特定の集団（たとえば民族）にのみ通用する特殊なもので、他には及ぼしがたい。つまり普遍的ではない」と、彼は書きました。

　日本文明が島の文明や海の文明だとするなら、誰もが参加できるものでなくてはなりません。そうなるには、日本にある確固たる海の文化を世界に伝えなければなりません。特定の集団だけに通用するものでは、文明ではないからです。日本の海の文化を世界に伝えた例は、今まであまり聞きません。

　日本でシーカヤックが文化になっていく過程で、日本の海洋文化との接点が深まり、その経緯を他の文明の人々に伝えていくことができれば、海の文明というものが確立するかもしれません。その可能性がシーカヤックにはあります。カヤックを使わなくなった北極圏の人々、カヌーによってようやく文化復興を成し遂げようとしている北東太平洋岸や南太平洋の人々。それらの人々と日本人が協力し合い、21世紀の海洋文明が構築できていければ、とても面白いことだと思います。今は孤立した日本だけの海洋文明は、環太平洋に広がる島々や沿岸部にも興りうるかもしれません。そして、その核になるのが日本だと思います。

　いまだ日本は、孤立したアイランド文明の国なのでしょう。しかしアイランドではなく島の文明になれば、それは普遍的な文明になれるような気がします。地球は人類にとっての、縁であり拠り所。島を地球に置き換えれば自明のことです。地球もまた日本語でいう島に当たるわけです。シーカヤックと島、島と地球、そんな飛躍によって、シーカヤックから未来の日本が見えてくると思いますし、アメリカに始まった金融恐慌の流れを変える方策としても、日本に存在する海の文化がその答えを導き始めると思います。世界が抱える閉塞感に応えられること、それが海の文明、島の文明だと思います。

初秋の知床半島、知床岬近くでの野営風景。
第3回知床シーカヤックシンポジウムでの1コマ。

第2章

シーカヤック装備論

シーカヤックの種類

　市販されているシーカヤックには、相当な種類のモデル（型式）が存在しています。ひとつのメーカーだけでも10種ぐらいのモデルがあることは珍しくありません。シーカヤックを製造するメーカーは、主に北米に集中していますが、当初はすべてFRP（繊維強化プラスチック）で造られていました。成形性に優れ、軽くて強い素材ですから小型船舶やシーカヤックには非常に都合のいいものです。ただ大量生産するには不都合な素材です。

　1990年代、北米ではシーカヤック産業が拡大し大量生産に都合のいい素材が使用され始めました。それがポリエチレン素材のシーカヤックです。ポリエチレンは最初に型を造る際にお金がかかりますが、一旦造ってしまえば大量生産が可能です。市場が安定したので投資に見合うビジネスができるようになったわけです。ポリエチレンのシーカヤックはFRP製より重くなりますが、可燃性の素材なのでリサイクルがしやすいという利点があります。FRPはリサイクルができず、廃棄処分も非常に面倒な素材です。

　また、アルミなどのフレーム（骨組み）に合成繊維のスキン（船体布）をかぶせるタイプのシーカヤックも存在します。多くは折りたためるようになっており、ファルトボートとかフォールディング・カヤックと呼ばれます。本来のカヤックに近い構造ですが、辺境への旅などでは運搬が簡便なので重宝されます。

　ファルトボートのアイデアは20世紀初頭に生まれたものです。主にヨーロッパの川や運河を旅する道具でした。その頃、ツーリング用のカヤックといえばファルトボートだったのです。海のツーリングもまずはファルトボートから始まりました。そんな世界にプラスチック素材のシーカヤックが登場したことで、海のツーリングが盛んになり始め、逆にファルトボートも次第に海に適応してきました。今では充分にシーカヤックと呼べるファルトボートが存在しています。

　つまりシーカヤックは、FRP製、ポリエチレン製、スキン＆フレーム製の3種類に大きく分かれ、それぞれに数多くのモデルが存在しています。それぞれのモデルには特徴があります。

　また日本製のシーカヤックには、今のところ（2009年現在）FRP製とファルトボートしかありません。ポリエチレン製はなく、まだ投資に見合う市場がないからでしょうが、日本独自の方向性を模索している感じもあります。これから新しい考え方のシーカヤックが生まれないとは言い切れないのです。

シーカヤックの各部名称

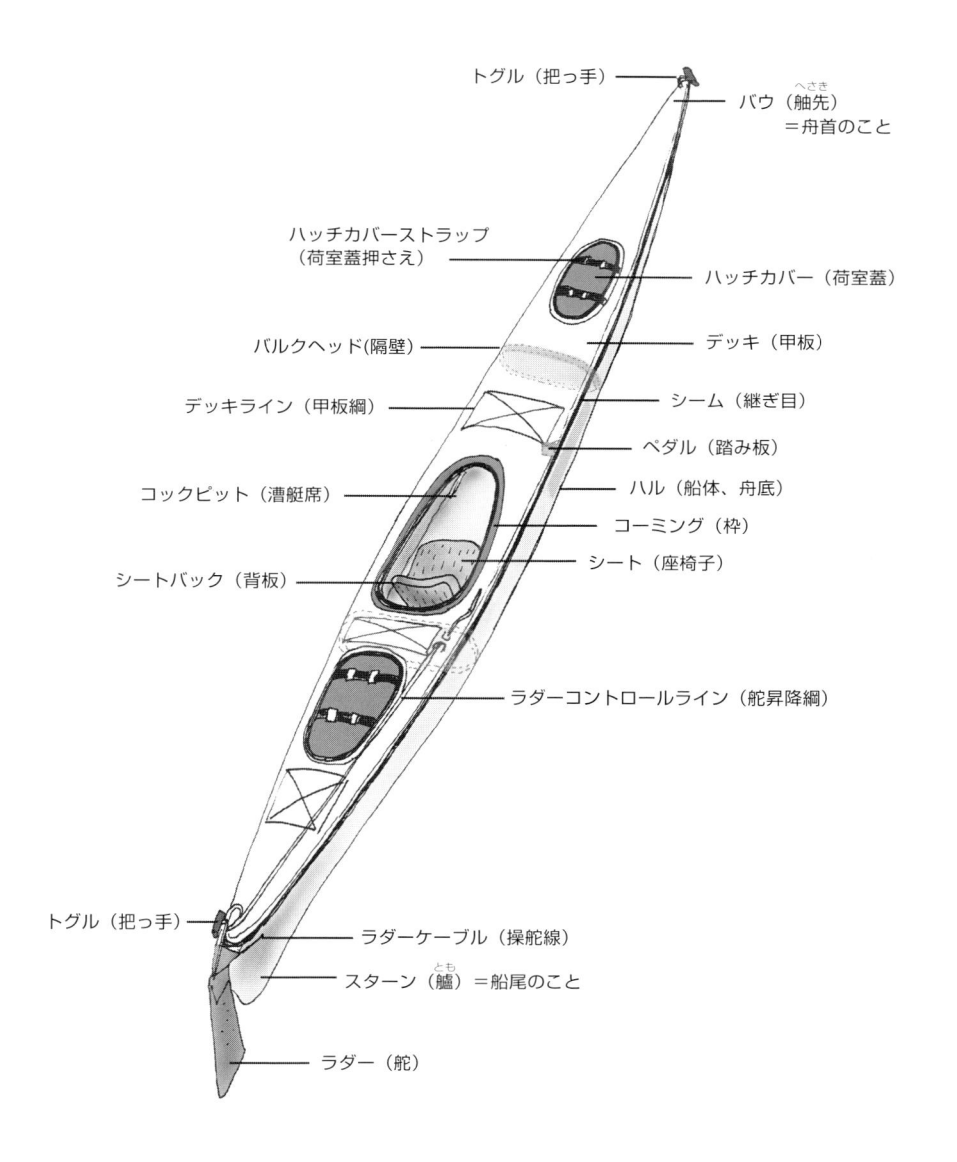

- トグル（把っ手）
- バウ（舳先）＝舟首のこと
- ハッチカバーストラップ（荷室蓋押さえ）
- ハッチカバー（荷室蓋）
- バルクヘッド（隔壁）
- デッキ（甲板）
- デッキライン（甲板綱）
- シーム（継ぎ目）
- ペダル（踏み板）
- コックピット（漕艇席）
- ハル（船体、舟底）
- コーミング（枠）
- シートバック（背板）
- シート（座椅子）
- ラダーコントロールライン（舵昇降綱）
- トグル（把っ手）
- ラダーケーブル（操舵線）
- スターン（艫）＝船尾のこと
- ラダー（舵）

第2章　シーカヤック装備論　　41

シーカヤックの仕組み

　シーカヤックは、海の旅に適応する舟ですが、その仕組みの最大の特徴が不沈構造であるということです。漕ぎに失敗して転覆することはありますが、沈まない仕組みになっているのです。沈没しない舟ほど安全な舟はありません。不沈構造になったことで、シーカヤックは安全になり、世界的な拡がりを可能にしたといってもいいでしょう。

　FRPやポリエチレンといったプラスチックのシーカヤックは、前後に荷物を入れる荷室があります。その部分は隔壁(バルクヘッド)によって水密構造になっており、荷物を出し入れするハッチも水密のハッチカバーで密閉されます。人が座る部分、つまり漕艇席はコックピットと呼びますが、転覆して人が脱出してもコックピット以外に水は入らずシーカヤックは浮いています。

　ファルトボートでは、前後に水密空間が造りにくいので、逆にコックピット部に、シーソックと呼ばれる防水の大きな靴下のようなものを入れます。漕ぎ手はシーソックの中に下半身を入れる感じになります。すると転覆しても全体に水が入ることなく浮いているわけです。また船体布(スキン)の張りを強くするため舷側部に浮きになるエアーチューブ(スポンソン)が船体布に縫い込んである場合もあります。そのスポンソンも浮力の補助になります。

　シーカヤックは長さが5m前後ありますが、それは海に適応するための結論的な長さのようです。短くても4m以上はあり、短めのモデルは浮力を得るために容量を大きく取るのが普通です。また、シーカヤックの最大幅は60cm前後しかなく、非常に細身な舟です。

　荷物を積み込み、重くなったシーカヤックは、かなり沈み込むので非常に安定した舟になります。荷重された状態が最適な状態になるように考えられ、空荷の場合は浮き過ぎて少し不安定な感じになります。

　足で操作する舵(ラダー)が装備されるシーカヤックも多くあります。舵は航海用の機能で、保針性や直進性を高めるものです。普通は曲がるためのものと考えてしまいますが、基本的には風や潮流による横流れを防ぐためにあります。当て舵を取るための装備だと言えるでしょう。横流れを押える保針板(スケッグ)という船底から板が飛び出す仕組みもあります。針路を保つための板で、もちろん出し入れできる構造になっています。

　舵や保針板といった装備は、海のツーリングに有効なものですが、狩猟を目的にした伝統的なカヤックにはない装備でした。

舵（ラダー）の仕組み

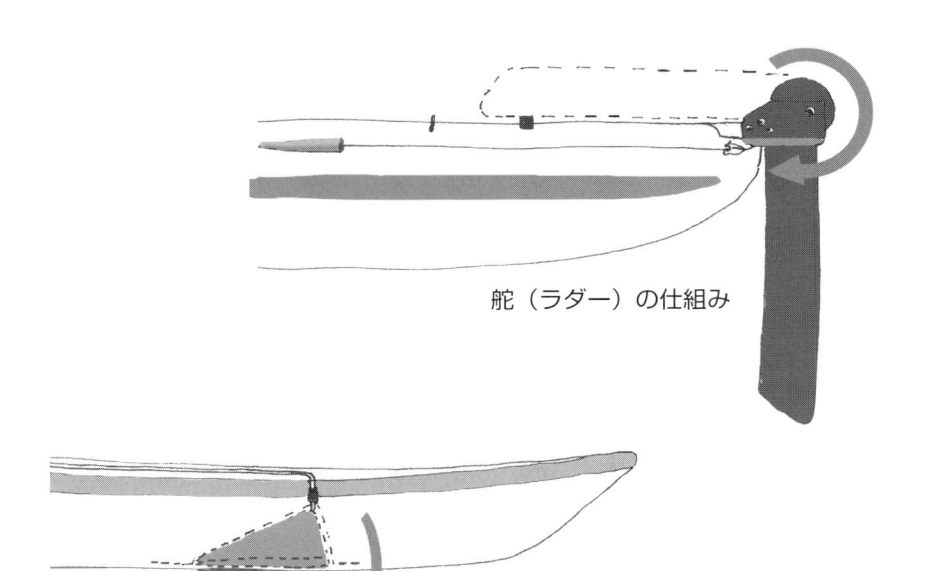

保針板（スケッグ）の仕組み

1週間分の荷物を満載したシーカヤック。
ほとんど喫水がないほど沈んでいるが、その分安定している。
総重量は100kgを軽く越える。

ダブルパドル（双刃の櫂）

　シーカヤックの推進具は、オールではなくパドルと呼びます。両端に水かきがあるダブルブレード（双刃）のパドルです。なのでダブルパドルとも呼びます。水かきはブレードですが、ブレードは水刃であり、羽という意味もあります。

　普通のパドル（シングルパドル）やオールは、日本語でいうところの櫂に相当しますが、双刃の櫂であるダブルパドルはカヤックに特徴的な推進具です。双刃は「フタバ」や「モロバ」などと読めますが、日本の伝統にはなかったのでどう読んでも構いません。「モロバのカイ」や「モロバカイ」などが気分かもしれません。シーカヤックに関する用語は、北米から輸入されたものが多いため英語が多いのです。しかし、本書ではなるべく日本語にしていきたいと思います。その方が日本文化に受け入れやすいし、覚えやすいと考えるからです。

　競技カヤックに使われる双刃の櫂は、ふたつの水刃面の角度がねじれています。それをフェザーリングしたパドルと言います。ボートなどでオールを漕ぐ際、水かきを水平に返すことをフェザーといいますが、双刃の櫂でも水平に返せるようにねじってあるわけです。スピードを競う競技には有利なので一般的になりました。以前は90度にねじってあることが多かったのですが、シーカヤック用には浅い角度でねじってある方が適しているようです。パドルの長さも千差万別で、体格によって、また漕ぐシーカヤックの幅によっても変化します。

　また、まったくねじらない（アンフェザー）双刃の櫂もあります。伝統的なカヤックではそんなパドルが普通でした。その代わり水刃の幅が非常に細く、水刃の長さもさらに長いものでした。それらをナロー（細身）パドルと、総称して呼んでいます。

　シーカヤックが出現するまでの近代カヤックは、競技が主流であったため、ボート競技のオールから技術のフィードバックがあったような感じがあります。フェザーリングもそうですし、幅広い水刃の形状もオールから来た考え方なのでしょう。しかし、ツーリングを目的にするシーカヤックが台頭するようになり、アンフェザーのナローパドルが復活するような傾向になりました。

　素材に関してもFRP製が台頭していますが、ナローパドルに関しては木製のものがやはり復興しつつあります。シーカヤックの世界は、どんどん伝統的な方向へ進んでおり、ことツーリングにおいては、その方が理にかなっているのかもしれません。この伝統パドルの追求もまた、これからのシーカヤックの世界に求められていることだと思います。

フェザーリングしたパドルは左右のブレード、
つまり水刃面の角度がねじられている。
後部デッキにはスペアパドル。
シャフトが曲がっているのは、手首の動きを楽にするため。

1875年に千島列島の新知（シムシル）島にはアリュート人がいた。
彼らが使用していた水刃と同じカタチで削り出したパドル。
シャフト部はカーボン。伝統技術と現代文明のハイブリッド。

スプレーカバー（しぶき除け）

　シーカヤックは乾舷が低い舟です。つまり、水面からデッキまでの距離が非常に短いのが特徴です。したがって、波をかぶると漕艇席（コックピット）には結構水が入ってきます。そこで、漕ぎ手はスプレーカバーを着用します。スプレーカバーを漕艇席の枠に固定することで、浸水をほとんど防ぐことができます。スプレーカバーもカヤックに特徴的な装備です。

　伝統的なカヤックではアノラックやパーカと呼ばれた防水着を着用し、その裾を枠に縛って固定していましたが、現代のシーカヤックでは、防水着とは別にスプレーカバーを着用するのが普通です。枠に固定するには、伸縮するゴム素材を使いグラブループ（引っ掴み帯、パニックループともいう）を引いて瞬時に取り外せるようになっています。そうすると転覆した際の脱出が簡単だからです。

　スプレーカバーを着用すると、漕ぎ手はスカートを着用したようなスタイルになるのでスプレースカートとも呼ばれます。スプレーとはしぶき（飛沫）のことです。なので本来の役割は、転覆時の浸水を防ぐことではなく、通常の漕行時に波をかぶっても浸水させないようにするものです。シーカヤックは、通常でも漕行時には波をかぶっています。なのでスプレーカバーをしないで海に出ることは、相当なリスクになります。

　スプレーカバーの胴部が身体にピタリと合っていれば、転覆しても浸水しません。パドルを使って回転して起き上がれば問題はないわけです。この回転して起きる技術は、エスキモーロールと呼ばれます。詳しくは後述します。ただ、シーカヤックの旅では一日中スプレーカバーを着用しているので、ほとんど浸水しないほどピッタリしているとかなり窮屈になります。そこで多少ゆるい方が実用的です。ただ、カヤック側との固定はしっかりすべきです。

　漕艇席への浸水は、その量が増えるとシーカヤックの安定性を損ないます。水が入ることで非常に不安定な状態になります。したがって下半身を乾いた状態に保つのが、シーカヤックでは重要なことです。また、漕艇席内に砂などをなるべく入れないようにするのも重要です。

　スプレーカバーを装着すると漕ぎ手とシーカヤックは一体化します。下半身がシーカヤックと同化してしまう感じです。この一体感が大切です。下半身は密閉されるので、シーカヤックに乗っていると体温によって暖かくなります。スプレーカバーは、極北の海が生んだ知恵なのです。

左のスプレーカバーが、一般的なタイプ。
ネオプレン素材を使っているためほとんど浸水しない。
右のスプレーカバーは、アノラックと一体型。

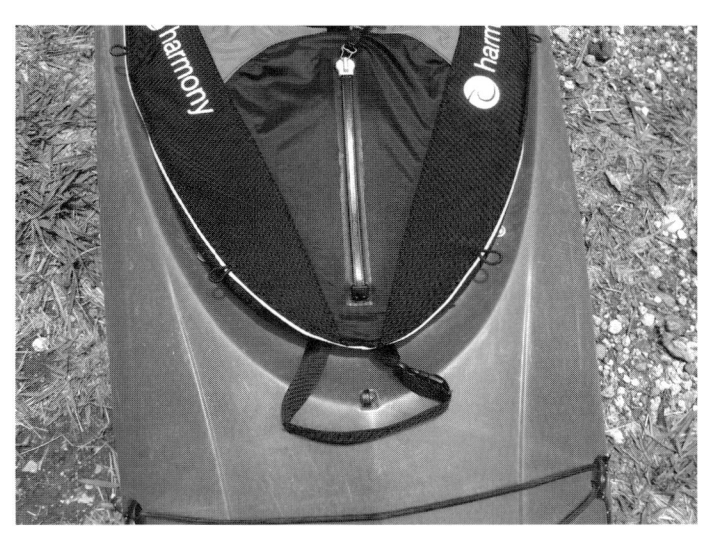

転覆した際に瞬時に脱出できるよう、スプレーカバーには
グラブループ（引っ掴み帯）が必ず付いている。
カバーをした時にこのグラブループを中に巻き込まない注意が必要。

PFD（浮力補助胴衣）

　PFDとは、パーソナル・フローテーション・ディバイスの略です。個人用浮力器具とでもいいましょうか。アメリカでは、USCG（米国沿岸警備隊のことで日本の海上保安庁に相当します。CGとはコーストガードです）によって救命胴衣類に関する細かい規定があり、それらを総称してPFDと呼んでいます。

　PFDにはタイプが1～5まであり、タイプ1がライフジャケット（救命胴衣）で、タイプ2はライフベストになります。タイプ1は外洋を含めすべての水域での救命が想定してあり、タイプ2は沿岸域の想定です。普通シーカヤックに使うPFDはタイプ3かタイプ5になり、タイプ3はフローテーション・エイド（浮力補助胴衣）、タイプ5はスペシャル・ユース・ディバイスと呼ばれます。このタイプ分けも時代に合わせて進化しています。特にタイプ5の中には、カヌー・カヤック・ベストと具体的に表記されている箇所があります。タイプ4はスローワブル・ディバイス（投げられる浮き具）で、ライフリング（救命浮環）などがそのタイプに入ります。

　日本でも国土交通省令により、平成15年からは小型船舶の乗船者や小型漁船員を対象に、一部で救命胴衣の着用が義務化されました。もちろんそれは、免許が必要な船舶に対するもので、シーカヤックには適用されません。日本の場合、小型船舶用救命胴衣、小型船舶用浮力補助具、作業用救命衣、救命胴衣といった種類があります。法令で義務化された背景には、小型船舶乗船者の着用率が非常に低かったという経緯があります。

　シーカヤック用と呼ばれる多くのPFDは、正確にはライフジャケットではなく浮力補助胴衣です。ところが、日本の浮力補助具の条件はほぼ満たしているにも関わらず型式承認はありません。承認を受けるための費用がかかり過ぎるからでしょう。逆にUSCGタイプ3の承認を受けたものが多く輸入されており、日本製でもアメリカで販売される場合はUSCGの承認があります。

　また、日本ではほとんど気付かれないのですが、PFDには防寒の機能があります。海難事故には低体温症（ハイポサーミア）によるものが相当に多いといわれますが、日本社会には浸透していません。ところが現在シーカヤックを漕いでいる人はそれらの知識を持ち、ほとんどの人が常識的にPFDを着用しています。シーカヤックの世界を伝える人たちによって、日本でのシーカヤックにおけるPFDの着用は当たり前のことになっています。それが事故を防ぐ大きな要素です。

シーカヤック乗りたちの正装。
アノラックの上にPFDを着用する人もいるし、下に着ている人もいる。
アノラックを上に着用することで海上で着たり脱いだりができる。

アメリカ製のPFDには、米国沿岸警備隊が認可した
番号（U.S.COAST GUARD APPROVAL NUMBER）が
製品に表示されている。
写真は、背中側の裏地に縫い付けられた
フローテーションエイド（PFDタイプ3）という表示。

第2章　シーカヤック装備論

ベイラー（排水具、淦汲み）

　シーカヤックは非常に低い舟なので、漕艇席への浸水に対してはかなり気を使うものです。バケツ一杯の水が入っただけで安定性はかなり悪くなります。そこで排水用の道具が必要になります。排水具は必須の携行品なのです。

　排水具は、ベイラーもしくはベイルと呼ばれます。ベイラーとは、船底にたまった水を汲み出す道具という意味です。また、船底にたまった水はビルジといいます。ビルジは日本語だと淦（あか）と呼びます。なので日本語だとベイラーは淦汲み（あかくみ）と呼んでいます。また、淦は船湯ともいいます。船乗りは浸水を忌み嫌うため、水ではなく湯という言い方になったようです。沖縄の伝統カヌーであるサバニなどに使われる淦汲みは、ユートゥイと呼ばれますが、それは湯取りということです。

　シーカヤックの場合、淦を汲み出すために手動のビルジポンプを必ず携行しています。シーカヤック専用に作られたもので、座った状態で容易に汲み出せるサイズのポンプです。ポンプには、落としても沈まないように浮力体が装着されています。これも重要なポイントです。

　基本的に水が入りやすいのは、出艇する時や上陸する時です。要するにスプレーカバーを付けていない状態の時に水が入ってくるわけです。ビルジポンプを使うのは、転覆したり何らかのトラブルで浸水した時ですが、現実には上陸してから使うことが多いものです。

　また、ベイラーの一種にスポンジがあります。ビルジスポンジという言い方をします。排水専用のスポンジも市販されていますが、大きめのスポンジで代用することもできます。スポンジを使えば、わずかに残った淦のほとんどが排出できるし、砂なども排出できます。漕艇席内を乾いてキレイな状態に保つのは、シーカヤックにとって重要なノウハウです。

　小さな漁船などでよく使われているプラスチックの把っ手付きボトル類もベイラーになります。底部を切り取って使います。柔らかいので汲み出しやすく、使い勝手がいいものです。ハイターという漂白剤の容器が多く使われることから俗にハイターベイラーなどと呼ばれます。

　電動のビルジポンプもありますが、シーカヤック用に市販されているものは少なく、自作している人が多いようです。一般的にはあまり使われていません。電気製品は心情的にシーカヤックにはあまり向かないのかもしれません。

シーカヤックに固定されたビルジポンプ。
イギリス製シーカヤックには標準装備されることが多い。
アメリカ製や日本製では、あまり見られないタイプ。
普通は、自由度の高い携帯式ビルジポンプを使う場合が多い。

携帯式のビルジポンプとビルジスポンジ。
シーカヤックには必携の排水具。
ビルジポンプは、シーカヤック専用に開発されているから、
使い勝手は非常にいい。
スポンジは代用品もあるが、専用のものは吸水量が多い。

パドルフロート（パドル浮袋）

　パドルフロートと呼ばれる浮袋があります。パドルを海に落としても浮くようにするためのものじゃありません。転覆した後、シーカヤックに再乗艇する際に使用するものです。つまりレスキュー用の道具です。転覆して脱出した際、パドルの片方の先端にこの浮袋を装着することで、パドルの片側に強い浮力が生まれます。浮袋が装着されていない側をシーカヤックの漕艇席の後あたりに固定することで、パドルが浮力のあるアウトリガー（腕木）になり、シーカヤックを安定させます。そうなると自分自身で再乗艇が可能になるわけです。セルフレスキューと呼ばれる自己救援法に使う道具として考案されました。

　パドルフロートを考案したのは、シアトルにあるシーカヤックメーカーのマリナーカヤックスを創業したマットとカムのブローズ兄弟。1980年からシーカヤックを作り始め、現代シーカヤック文化の礎を作った人々の一員です。この自己救援法は、パドルフロートレスキューと呼ばれますが、正確にはマリナー式セルフレスキューです。また、アウトリガーセルフレスキューとも呼びます。

　この救援法は、シーカヤックの普及に大きな役割を果たしました。初めてシーカヤックをやる人にとっては、転覆した際の対処法が非常に気になる点です。この方法を伝えることで、転覆して脱出しても再乗艇が可能だと理解できます。つまりシーカヤックは転覆しても大丈夫なんだと直感的に理解します。もちろん再乗艇には練習が必要ですが、穏やかな海ではそれほど難しいものでもありません。

　パドルフロートには、空気を入れて膨らませるタイプと、発泡ウレタンなどの固形式があります。膨らませるタイプは、使わない時には折りたたんでおけるので邪魔になりませんが、いざ使う段階になった時、膨らませる手間がかかります。固形のものは、そのまま使えますが、使わない時には少々邪魔な存在です。

　このパドルフロートによるレスキューは、単独行の場合には必携ですが、集団での旅では仲間によるレスキューが可能なので携行する優先順位が下がります。また、単独であっても本当に時化ている場合は、パドルフロートによるセルフレスキューは限界があると考えるべきでしょう。つまり100％確実なセルフレスキューではないということも頭に入れておきましょう。

　とはいってもこの方法を知らないで、単独行を行なうのはリスクを高めます。なので事前に何度も練習しておく必要があります。集団の旅でもパドルフロートの使い方を知らない人がいるのは、全体に迷惑がかかると考えられます。

転覆した後にシーカヤックを起こし、パドルフロートに空気を注入。
さらにデッキ後部にパドルを装着した。
これを足がかりにして自力で這い上がる。

パドルフロートには空気を入れる膨張式（左）と固形式（右）がある。
膨張式はスペースを取らない利点はあるけれど、
使用する際に膨らます手間がある。固形式はその逆。

シーウイング（カヤック浮袋）とシーアンカー（海錨）

　海が荒れ始め、自分の能力を超えているかのような状況下に陥る可能性があります。単独行であろうが仲間がいようが、そんな状況に陥ること自体が判断の失敗です。しかし、現実は何とかしなければなりません。そこで大事なのは、気持ちの持ち方や考え方です。とはいえ、転覆してしまうと気持ちは萎えてきます。そのために後述する様々なセルフレスキューの訓練があるのです。

　転覆する状況には、単にパドリングの失敗によるものがあります。うねりの中で水をキャッチすべきパドルが空を切り、その拍子に転覆してしまうというような状況です。そんな場合であれば、セルフレスキューの技術があれば大丈夫でしょう。しかし、強風の中、漕げる限界を超えたような海になってしまったら、そしてそこで転覆してしまったら、さらに近くに上陸できる岸辺がなかったら、どうでしょう。それでも、生き抜くためにはどうにかしなければなりません。

　シーウイングというものがあります。シーカヤックの両側に取り付けるカヤック用の浮袋で、シーカヤックの安定性を向上させます。スポンソンとも呼びます。転覆して再乗艇ができない場合、このシーウイングをシーカヤックに装着します。その上で再乗艇し、できればそのまま直近の岸辺に向かいます。シーウイングを取り付ける前より安定した状態になっているので、転覆する可能性が低くなるはずです。要するに今まで乗っていたシーカヤックとは別の、安定性の高いシーカヤックになっているわけです。これがセルフレスキューの最終的な道具だといえます。

　また、シーアンカー（海錨）という道具があります。ドラグとも呼ぶ布製の穴あきバケツのような道具です。船首側にこれを流すと、船首が風上に向いて安定し、流されるのを防ぎます。風上側に向かう際にもかなり有効だといわれます。

　シーウイングもシーアンカーも、岸が遠く海上で漂泊せざるを得ない時の道具だといっていいかもしれません。また陸風が強く、もはや自力で岸にたどり着けないという判断をした後に使用する道具にもなります。海上保安庁の118番に連絡し、救助を待つ時に使える道具ともいえますが、救助されることを前提に道具を用意するのは、シーカヤック乗りの精神性には少し反する気がします。

　またシーウイングやシーアンカーは、シーカヤックで釣りをする場合にも重宝するものです。大物がかかり魚に引きずられるような時、この浮袋がシーカヤックの安定性を生みますし、シーアンカーも釣りのポイントからズレないという利点をもたらします。しかしながら道具本来の意味は忘れないでください。

シーウイングを装着したところ。
この浮力体があれば、シーカヤックはより安定性の高いシーカヤックに
変身している。だからこそ、これが最終手段になる。

シーアンカー。
アンカーは錨のことだが、シーアンカーは、要するに抵抗になるもの。
その抵抗があれば、シーカヤックは風下に流されず、
風に向かって漕ぐ時にも有効な手立てになる。

カヤック着（カヤックウエア）　冬

　シーカヤック用の衣類、いわばカヤック着というものがあります。カヤック着は保温や防水を目的にするものです。もちろん夏のツーリングでは逆になりますが、それ以外の季節では、保温性や防水性がカヤック着の重要な目的です。

　アノラックやパーカと呼ばれるアウトドアウエアがありますが、本来これらは伝統的なカヤック着のことです。アノラックはグリーンランドでの呼び方で、パーカはアリューシャン列島での呼び方でした。アノラックやパーカに特徴的なのは、フード付きのウエアということです。アウトドアウエアの主流であるこれらのジャケット類が、カヤック着からの流れであることはあまり知られていません。アウトドアウエアというのは、カヤック文化からの英知を受けていたわけです。

　現在のアノラックには、主に防水透湿素材が使われています。防水だけど湿気だけは外へ発散させてくれる素材です。ゴアテックスという素材が一般的です。しかし、この通気性によって冬のツーリングではかなり寒い目に合います。どういうことかというと、スプレーカバーで密閉された下半身はかなり暖かくなるので、時には汗をかいてしまうことがあります。漕いでいる時はほとんど問題ないのですが、上陸してカヤックから出ると急激に冷えます。風があるとさらに体温が奪われます。そこで上陸時には、別の保温着や漁師用ゴム合羽のような防風着が必要になります。

　また、ネオプレンという合成ゴム素材のカヤック着も多く使用されます。いわゆるウエットスーツです。カヤックを漕ぐために裁断された専用のものがあります。身体は濡れますが、体温で保温されるので寒くありません。ただ、やはり冬でもかなり汗をかく場合があるので、やはり上陸時には保温着が必要になります。身体を濡らさない完全防水のドライスーツもありますが、汗をかいてしまうと同じことになります。カヤック着には、相当な知恵が要求されます。

　下着にはウールや化繊のものを着用します。濡れてもなるべく体温を奪わない繊維です。その点、綿の下着はまったく向いていません。濡れてしまうと体温を奪うからです。下着の上に保温性のあるフリースやウールセーターなどを着用することもあります。日本は南北に長いので、時と場合によって臨機応変に対応します。

　このように、カヤック着は海上を漕いでいる時、万が一転覆した場合、そして上陸した時とをトータルで考える必要があります。特にそれは、真冬の長距離ツーリングにおいて重要なことで、1日に8時間以上、しかも毎日漕ぎ進むようなツーリングを想定した場合です。濡れても翌日まで乾かないこともあるからです。

11月下旬から12月上旬、冬の瀬戸内海でのカヤック着あれこれ。
防寒に防水、しかも海水が相手なので、ウェア類には非常に過酷な条件が重なる。
ある意味、冬山装備より条件が厳しい。
シーカヤック専用着は、そういう点について充分考えられているが、
そういった専用着を販売するアウトドアウェアメーカーは、
国内外共、意外に少ない。

カヤック着（カヤックウエア）　夏

　夏のカヤック着は、冬とは逆に暑さに対応する必要があります。ただでさえシーカヤックを漕ぐと身体は熱くなり、スプレーカバーで密閉された下半身は、さらに熱くなります。また、日差しにも対応しなければなりません。夏は人々を海へと誘いますが、夏はシーカヤックにとってかなり過酷な季節です。黒潮という海流に囲まれている夏の日本近海は、水温が30度近くになり、気温はさらに高いものです。したがって、暑さから逃れる術がないわけです。

　まずは日差しを避ける帽子が必要になります。冬は防寒用の帽子ですが、夏はツバの広い帽子が有効でしょう。ただ、帽子内に熱がこもることも考えられます。強烈な日差しと帽子内にこもる熱とで、熱射病になる可能性もあります。

　沖縄の漁師が使うクバ笠というものがあります。風に飛ばされないよう、独特の角度が笠の傾斜に与えられ、笠の内側で空気の流れを増幅させる構造になっています。日よけだけではなくエアコンのような機能がある帽子です。真夏のツーリングにクバ笠を使用する人も最近多くなりました。先人の知恵が受け継がれています。

　PFDは常に着用していますが、これも暑さを増幅させます。なので常に身体を冷やす努力、それが夏のカヤック着のポイントでしょう。ワイシャツという言葉がありますが、本来はホワイトシャツという意味です。夏のツーリングに乾きやすい化繊のワイシャツや白い開襟シャツを使うのも一考です。強い日差しに対しては、少し大きめの長袖シャツの方が有効でしょう。ちなみに東日本ではワイシャツですが、西日本ではカッターシャツという言い方をします。カッターシャツは、1918年に生まれた造語で、スポーツ用品メーカー美津濃のスポーツシャツの商標名だったそうです。この年は、第1次世界大戦で連合国側に参戦していた日本が勝利を収めた年でした。なので「勝ったシャツ」というのが語源だそうです。

　白いシャツは熱を反射しますが、紫外線は通します。したがって日焼け対策も必要でしょう。とはいえ、近ごろの過敏な日焼け対策にも少し疑問があります。日本人のようなモンゴロイドは、日焼けによって肌の色を変えられるのが特徴です。この持って生まれた特質を生かすのも健康的な生き方じゃないでしょうか。普段から海に出ている人は日光浴をしていますが、室内で働く人は、ほとんど日光浴をしていません。人に必要なビタミンDは、日光浴でもまかなっているといいます。そのあたりのバランスを自覚しておきたいものです。「過ぎたるは、なお及ばざるがごとし」です。良い加減こそが、海が教える価値観です。

Photo by 岡倉禎志

夏のカヤック着には、専用のものが少ない。
代用できるものが多いからだが、綿のTシャツは止めた方がいい。
綿製品は海には向かない。
また、海上では暑さから逃れられないため、帽子に工夫が必要だ。
沖縄の海人用クバ笠は、伝統的な知恵がつまっており、その性能の高さに驚く。
写真のクバ笠は石垣島周辺、八重山列島で伝統的に使われていたもの。

手袋と靴（手足の保温）

　カヤック着の中で見落とされがちなのが、手足の保温です。前述したように、カヤック着には保温という目的があります。手の保温には、普通手袋をしますが、カヤックに特徴的なものとして、ポギー（pogie）と呼ばれるものがあります。パドルのシャフト側に取り付ける防寒カバーで、オートバイのハンドルカバーのようなものです。素手でパドルが握れ、しかも防寒できるという道具です。

　ポギーは、英語圏でも特殊な言葉のようで、フランス語のパーニュ（pagne）から転訛した言葉ではないかという説もあります。パーニュは、腰巻や褌（ふんどし）のことで、要するに包むものなのでしょう。英語圏でもカヤックやオートバイの世界でしか使われていないようです。

　シーカヤック用のポギーは、手が簡単に出し入れできるよう、口の部分がゆるく作ってあります。口部がきつぃと、パドルから手を離して再び握る際にやっかいなことになります。ネオプレン素材で立体裁断してある製品が一般的です。

　ポギーを装着して漕ぐと、驚くほど手が暖かくなります。断熱効果と体温での保温があるからです。ポギーは、冬のツーリングには必携の装備です。もちろんパドリング用の手袋もありますが、掌に違和感が出るので嫌う人も多いようです。そこで、掌側がくりぬいてある製品もあります。

　シーカヤック用の靴に使われることが多いのは、ネオプレン製でゴム底の靴です。濡れることと、舵の操作などの動き、それに上陸時にも対応しています。ネオプレン製の靴下にスポーツサンダルなどを組み合せる人もいますが、大切なのは踵の部分です。漕ぐ時は常に踵がシーカヤックの底に当たっています。この部分がある程度固くないと、踵に疲労がきたり擦れてしまうこともあります。踵が保護された靴は重要です。もちろん陸上用のスニーカー類で代用することもあります。暖かい季節なら問題ないでしょう。

　またゴム長も重宝します。内部が起毛されていたり、ネオプレンが張ってあるゴム長もあります。ネオプレン製のシーカヤック用の防寒長靴もありますが、あまり種類がないので、ゴム長で代用することが多いようです。

　上陸してからの履物にビーチサンダルを使用する人も多いようです。ただ滑りやすいので、磯を歩く時などは気をつける必要があります。また、ギョサン（漁協サンダルの略らしい）と呼ばれる発泡樹脂のサンダルを使用する人が近年多いようです。滑りにくく安価なのが特徴です。

Photo by 中村隆之

パドルに装着されたポギー。
そこに手を入れて使うが、これだけで充分に暖かい。
しかも素手でパドルが握れるため微妙なタッチが損なわれない。
出し入れが簡単なように間口の広いタイプを選ぶ。

実際に使用しているシーカヤック用の靴類。左上はネオプレン製の長靴。
夏はサンダルも使うが、ビーチサンダルは滑りやすいのでグリップのいいものを使う。
右下は漁業者用のサンダルで、最近は普段でも活躍している。

第2章 シーカヤック装備論

防水袋（ドライバッグ）

　シーカヤックの前後にある荷室は、基本的には防水構造ですが、時には少量の浸水があります。なので荷物を入れる際、それらを防水袋に入れてから収納するのは好ましい習慣です。特に上陸してから着る服や寝袋などは、防水袋に入れておきたいものです。食品の類も防水袋に入れておく方がいいでしょう。せっかくの食事が台無しになってしまいます。海図類、それに懐中電灯、ラジオの電池といった電気系の装備もやはり確実な防水袋や完全防水ケースに入れます。

　もっとも一般的な防水袋は、口の部分をクルクルと巻いて防水する類の袋です。ロールダウン式などとも呼びます。非常に簡単な方式ですが、かなり高い防水性を誇ります。このタイプには種類が多く、サイズも豊富に販売されています。ただ、シーカヤックの先端部に入れることを考えると、生地の表面が滑りやすい素材のものが取り出すのに便利です。またシーカヤックの先端部は細くなるので、防水袋も細長い形状を選びます。かさばる袋は収納が難しくなるので、なるべく小分けするような感覚で収納することも要領のひとつです。

　食品を冷蔵庫などで保存する密閉できる透明な保存袋がありますが、これもツーリングには重宝します。冷凍用のものが丈夫で安心できます。ノートなどの紙類もそれに入れた上で本格的な防水袋に入れればおけば安心できます。また、汁物などを入れて保存できるプラスチックの密閉容器も重宝します。いわゆるタッパーなどと呼ばれるものです。漕行中の行動食入れにも便利です。

　長距離のツーリングになると、どうしてもすべての装備がシーカヤック内に収納できないことがあります。その場合はデッキ上に固定せざるをえないのですが、なるべくその量が少なくなるよう工夫します。デッキ上の荷物は、風の影響を受けたり重心を高くしたりして、パドリング（漕行）に影響するからです。

　デッキ上にやむをえず固定する場合も、やはり荷物は防水袋に入れるというのが普通です。固定方法は、デッキ上のショック（ゴム）コードにはさむだけでは、心もとないものです。波をかぶると勢いで流されてしまいます。必ず細引き（細いロープのこと）で結わいておきます。道具類の予備はなかなか持てないので、紛失してしまうとどうしようもできません。

　シーカヤックツーリングは、経済の何たるかを教えてくれます。経済とは、費用や手間がかからないこと、節約という意味でもあります。経済的に生きるのも、エコロジーです。エコノミーとエコロジーは、本来同じ語源の言葉です。

ロールダウン式の防水袋。
様々なサイズが市販されているが、10リットルぐらいの大きさが使いやすい。
先端にロープをつけておくと、シーカヤックの先端部に入れても取り出しやすい。

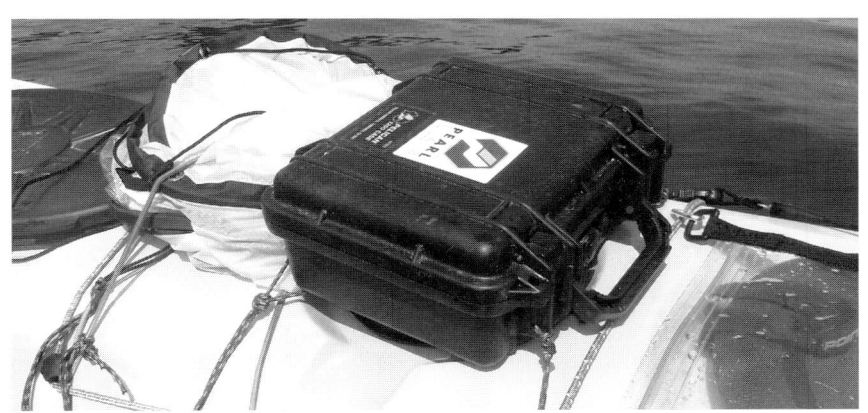

デッキ上に完全防水ケースを固定している。
一眼レフカメラなどを入れるのに重宝する。
もちろん今は防水のコンパクトデジタルカメラが市販されているので、プロ向けだが。

前照灯（ヘッドランプ）とストロボライト

　日本語では、今でも電灯のことを「電気」と呼んだりします。電気の使用が、電灯から一般に拡がったからでしょう。明治19年にできた日本初の電力会社が、東京電灯（電燈）という社名だったことからも分かります。シーカヤックの旅で使う電気も、ほとんどが電灯用です。目指す海岸に到達する前に暗くなった場合、海上でも電灯が必要になります。

　シーカヤックの旅で使う電灯は、懐中電灯（ハンドランプ）より頭部に固定できる前照灯（ヘッドランプ）が便利です。前照灯というのは、車などのヘッドランプを意味しますが、人用の前照灯もあるわけです。頭に固定するからヘッドランプということにもなります。懐中電灯では両手が使えなくなりますが、ヘッドランプであれば漕ぐことに支障はありません。波をかぶる可能性があるので、防水性のあるタイプを選ぶ方が安心できます。

　上陸後に暗くなった場合もヘッドランプが活躍します。シーカヤックで上陸する浜辺には街灯のないことが多いので、野営や食事の準備もヘッドランプなしでは結構大変なことになります。また、野営にはロウソクを使うという手もあります。電気が普及する前の時代の明かりです。野営用に使われるロウソクのランプは、キャンドルランタンなどと呼ばれます。

　1週間ほどの旅でヘッドランプに使う電池は、単3アルカリ電池で4個程度です。最近のヘッドランプには単4電池仕様のものが多くなり、電球もLEDのものが主流になりました。小さくて軽く電球や電池の寿命もかなり長くなりました。電池がなくてもハンドルを回して充電するタイプのヘッドランプもあります。これだと電池がいりません。多くは災害用として売られています。

　ヘッドランプが故障すると日没後に行動できなくなったり、危険性が増しますので予備電灯も必要です。予備には、ある程度光量のある防水の懐中電灯を用意しておくのもいいでしょう。光量の大きな懐中電灯は、どうしても夜の海を漕がざるをえない場合手元に用意しておき、緊急信号として使うことがあります。

　日の出前や日没直後まで漕ぐことも多いのですが、その際にPFDの背中にストロボライトを装着して点滅させます。シーカヤック自体は他の船舶からほとんど視認できないので、点滅する光があると有効だからです。もちろん絶対に見えるという保証はありません。集団で旅する場合も、ストロボライトは仲間に自分の位置を教えます。ヘッドランプにも、点滅機能があるものもあります。

ヘッドランプ類。ヘッドランプがないと夜の野営はかなり不便。
したがって、大事な装備。予備もあるといい。
右のは防災用で、電池がいらないタイプ。
ハンドルを手で回すと充電される。

アノラックの背中にストロボライトを装着した例。
PFDにもストロボライトが装着できるようになっているが、
上からアノラックを羽織った場合は、
アノラックにもこうした工夫が必要になる。

第2章　シーカヤック装備論

ナイフと道具

　カヤックは人類の歴史においても相当に古い部類の道具ですが、さらに古い道具、それこそ最古の道具といわれるものがあります。それがナイフです。時代によって素材は変わってきましたが、石器時代から人類はナイフを使い続けてきました。人が人たる所以、それがナイフの歴史には隠されています。そして、おそらく人類はナイフを携帯して旅をしてきたはずです。

　シーカヤックの旅にもナイフは必携の道具です。ナイフは切ったり、削ったり、切っ先で穴を開けたりと様々な作業ができます。この汎用性がナイフの特徴です。1950年代の後半ぐらい（昭和30年代）に子供時代を過ごした男の子たちは「肥後守（ひごのかみ）」と呼ばれる小刀（こがたな）をいつも持ち歩いていたものです。肥後守は文房具のようなものでしたが、今考えるとナイフという最古の道具の使い方を学んでいたように思えます。

　シーカヤック用のPFDには胸ポケットがありますが、そこにはナイフを入れるという役割があります。海上で使うことは少ないですが、野営を基本にする旅には必要なものです。ダイバー用のシースナイフ（鞘付きナイフ）を持つ人もいますが、折たたみ式のポケットナイフで充分です。海水にさらされるので、ステンレス系の錆びにくいものがいいでしょう。また、調理などに使うナイフ（包丁）も必要でしょう。アーミーナイフなどの多徳ナイフも重宝します。

　漁師が使うマキリ（間切）包丁という片刃の包丁があります。魚をさばくのはもちろん、ロープを切ったり様々に使える万能ナイフです。マキリとは、アイヌ語で小刀を意味しますが、漁師包丁に名が残っているのは、13世紀頃に成立したアイヌ文化より前の時代から使われていたからかもしれません。まさに日本の海で使われている伝統ナイフですから、シーカヤックの旅にも向いています。木の鞘も一緒に売られていますので携行にも便利です。ちなみに漁師包丁には、舟行（ふなゆき）包丁と呼ばれる万能包丁もあります。

　ナイフは汎用性の高い道具ですが、ナイフにない機能があります。つかむという作業です。そこでペンチやプライヤーの類があれば、万全になります。中でもバイスプライヤーと呼ばれるものが便利です。つかんでそのまま固定する機能があるからです。バイスとは万力のことです。針金を切ることもできますし、スパナのような使い方もできます。したがって、ナイフとバイスプライヤーさえあれば、大抵の作業ができるということです。

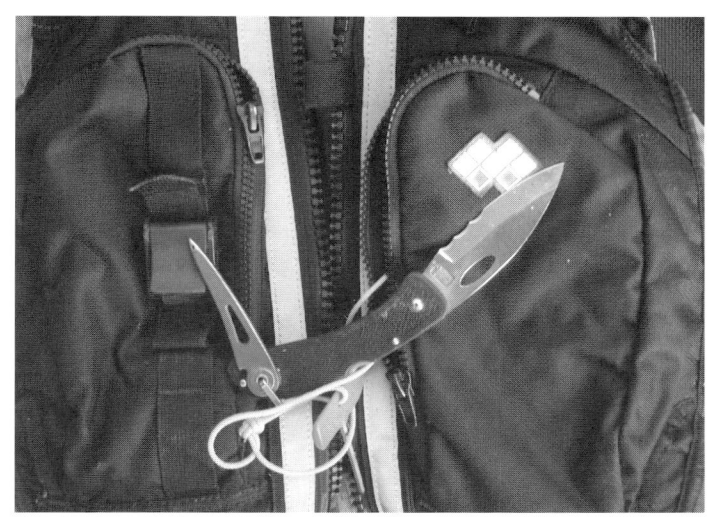

PFDのポケットに常備しているポケットナイフ。
このナイフにはスパイキーが付いている。ロープを編むのに使う。
穴の部分はシャックルを回すシャックルキー。
いわゆるボートナイフ。

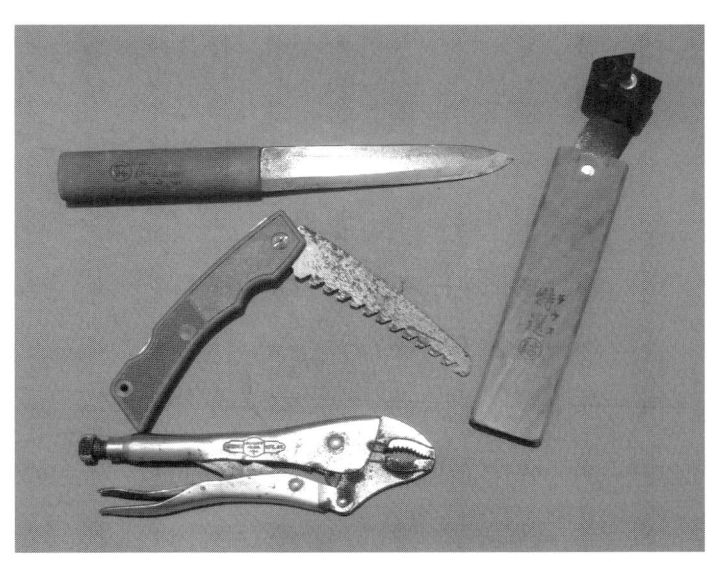

上のナイフは、知床の羅臼町の漁師が使うマキリ。非常に使い勝手がいい。
下のバイスプライヤーは、つかむ、切るという機能がある。
それと折りたたみ式ノコギリがあれば、大抵の作業はできる。

ロープ類

　縄や紐といったロープ類もシーカヤックの旅に忘れてはならない装備です。浜辺に引き上げたシーカヤックが風で飛ばされないよう固定したり、シーカヤックを浮かべたままにしておく際の流れ止め（係留といいます）にしたり、濡れた衣服を乾かすための洗濯ロープにしたり、漕げなくなった仲間を牽引したり、シーカヤックを車で運搬する時の固定にと様々なシーンでロープは使われます。

　シーカヤックの専用として市販されているロープがあります。牽引ロープです。トウロープやトウイングラインなどとも呼びます。トウ（tow）とは牽引のことです。他のシーカヤックを牽引しやすくするための固定具が付いていたり、袋に入れられ携帯しやすいよう工夫されています。水に浮くロープが使われおり、フローティングロープといった名称で、ロープだけでも市販されています。沈んでしまうロープは海では使いにくいものです。

　ロープを持っていても結び方を知らなければ意味がありません。ロープを結ぶことを結索とかロープワークなどと呼びます。シーカヤックで使う結索の種類は、それほど多くありません。基本的な結び方を知っていれば充分旅に対応できます。もちろん日常生活でも使えます。

　結び方を分類すると、ロープの端にコブを作る結び方を結節といいます。丸太のようなものに結びつけたり、シーカヤックを固定したりするのは結着です。ロープの端や途中に輪を作る結び方は結輪です。また、ロープの全長を短くするための結び方もあり、それを結縮といいます。あと、ロープ同士をつなげることは、結合になります。結索で大事なのは、固く結んでもすぐにほどけることです。

　結節の代表は、8の字結び（フィギュアエイトノット figure eight knot）です。結着には巻き結び（クラブヒッチ clove hitch）ですが、シーカヤックを車で運搬する際に使う南京結び（トラッカーズヒッチ trucker's hitch）も覚えましょう。結輪の代表となると、舫い結び（ボーラインノット bowline knot）でしょう。舫い結びは、キング・オブ・ノット、結びの王様といわれています。それだけ汎用性が高い結び方です。ロープの途中に輪を作るには、鎧結び（ハーネスヒッチ harness hitch）というものもあります。結縮だと鎖結び（チェーンノット chain knot）や締め結び（シープシャンク sheep shank）です。

　これらの結び方さえ覚えていれば、シーカヤックのほとんどのシーンで使えます。考えずに結べるよう日頃の練習が大事です。

逆潮に逆らって漕ぎ進むが、ビギナーには辛い状況となった。
ロープを使って牽引している。風がないのでまだ進めるが、
これに逆風が加わるとコースを変えるしかない。

Photo by 中村隆之

牽引用に作られた専用ロープ。
牽引中に何かトラブルがあった際には、瞬時に外せるような工夫がある。
短い時は浮力のあるロープをつなぐこともある。

第2章　シーカヤック装備論

水筒類

　海に漕ぎ出す際、決して忘れてはいけないのが飲み水です。飲み水は海上では手に入らないからです。したがって旅の装備として、飲み水を入れる水筒類は重要です。もちろんペットボトルでもいいですし、水筒の類は数多く市販されています。

　中には背中に背負うタイプの水タンクがあります。ランニングや自転車に乗る人に人気があります。水タンクからチューブが出ていて、走りながら水が飲めるような構造になっています。飲み水はこまめに飲む必要があるので、パドリングを止めずに水が飲めるため、非常に便利な装備です。

　飲料水は調理にも使用しますから、ウォータコンテナと呼ばれる、水を運ぶためのタンクもあると便利です。ポリタンクのように固いものは、積み込むのがやっかいですので、柔らかい素材の水タンクがいいでしょう。

　日本に住んでいると、水はどこででも手に入るという感覚がありますが、シーカヤックの旅では、上陸しても水が手に入らないことがあります。なぜなら、なるべく人が来ないような浜辺を渡り歩こうとするからです。無人島の浜や、道がなく海からしか行けないような浜に行く傾向が強いからです。飲めるような水が流れる小川が近くにあればいいのですが、残念ながら今の日本にそんな小川は残っていないと考えた方がいいでしょう。清水というのは、もはや地名や苗字にしか残ってないわけです。残念なことです。

　地震などの災害で72時間が生存の限界だとよくいわれますが、それは脱水症状による理由があるからです。水を飲まずに生きられるのは、せいぜい3日間が目安だといわれます。それ以上水無しでは、生きられないのです。1日に人が摂取すべき水の量は、成人で2リットル〜3リットルほどです。もちろん個人差があるのであくまでも目安ですが、それと同じ量の水分が1日で体外に排出されているのです。水分は食事にも含まれるので、飲み水の目安としては1.5リットルとか1.8リットルだといわれています。

　シーカヤックの旅では肉体を使いますから、さらに水分が必要なはずです。つまり飲料水としては、1日に2リットルぐらいは持つ必要があると考えられます。それに加えて調理用の水が必要なので、それが1リットルだとすると必要な水は1日3リットルになります。1週間の旅なら20リットル以上の水がなければならない計算になります。シーカヤックはスペースが限られているので、旅の途上での水の確保は、決して忘れないようにしなければなりません。

PFDの背中に装着された水筒。
飲み口は医療用のもので、漕ぎながら水分補給ができる。
ランニングや自転車などで使用されるが、パドリングにも重宝する。
浮力にも影響は少ない。

野営用の水タンク。
水がなくなったらコンパクトになるものがいい。
海浜では飲料水が手に入らないことも多々あるので、結構重要な装備だ。
布地でカバーされたタイプもある。

第2章 シーカヤック装備論

通信器具と緊急信号

　シーカヤックにおける通信器具といえば、携帯電話が当たり前になってしまいました。20年前にはなかったのですから隔世の感があります。通信器具の役割とは、情報収集と緊急時の連絡手段です。海上保安庁への通報も「118」で簡単になり、途中で電波が途切れても電源さえ入っていれば海上保安庁が位置情報を拾ってくれるシステムになりました。つまり、携帯電話を濡れないように持つことや電源の確保も重要なことです。防水の携帯電話も市販されていますが、機種が少ないので携帯電話用の防水パックが必要になります。

　気象情報も携帯サイトから情報を得られます。特に海上保安庁の沿岸域情報提供システム（MICS）は、全国の灯台で観測される風向や風速が30分ごとに更新されるので非常に有用です。MICS総合入口サイトは、以下です。

　　　　　　　http://www.kaiho.mlit.go.jp/info/mics/m/

　また、メニューリストからも入れます。NTTドコモはメニューリスト→防災・防犯・医療→情報／ニュース／天気→MICS。auはトップメニュー→カテゴリで探す→ニュース・天気→天気→MICS。softbankだとメニューリスト→天気・ニュース・経済→天気→MICSです。とはいえ圏外では使えませんのでラジオも必携です。天気図用のNHK第2放送の気象通報（9：10、16：00、22：00）です。

　以前は、緊急通信用に国際VHF無線やマリンVHFのような海上用の無線、またはアマチュア無線を使うこともありましたが、沿岸域を旅するシーカヤックでは、使う機会がほとんどありません。それに無線従事者の免許が必要なので一般的でもありません。日本の中で考えると、八丈島～御蔵島とか宮古島～沖縄島といった数10kmや100kmを超えるような海峡を横断するような場合には無線機が必要でしょうが、今ではレンタルの衛星携帯電話を使用する方が現実的です。

　集団で旅をする場合は、声が届く範囲にいることが大事です。ただ風が強い時には、近くにいても声が届かない場合があります。そんな時にはホイッスル（笛）が有効です。緊急用ホイッスルをPFDのポケットに入れておくことも重要なノウハウというわけです。ホイッスルは小型船舶の法定備品です。法定備品には、他にも信号紅炎などがあります。とはいえ、シーカヤックで使いやすいものはなかなかありません。火薬を使うため国内ではかなり制限されています。シグナルミラー（反射鏡）やダイマーカー（海面着色剤）といった緊急信号もあります。特にソロでの旅では、これらの緊急信号を持つべきでしょう。

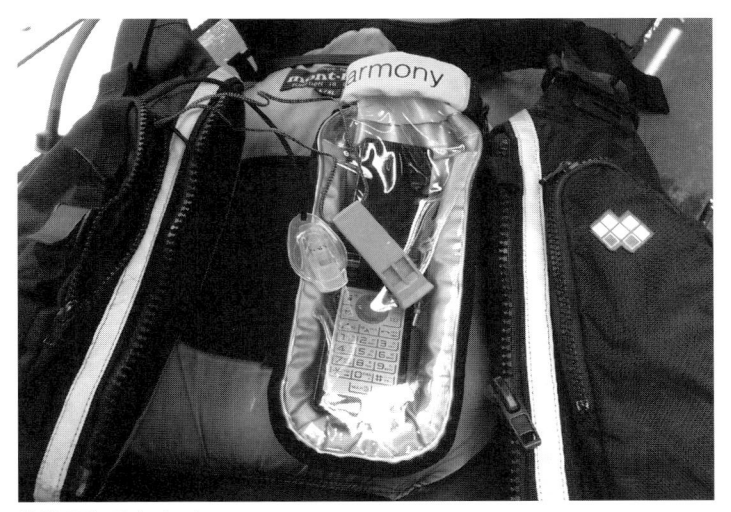

携帯電話の防水パック。
もちろん防水携帯電話を持っていれば、必要ない。
このサイズだと携帯式の GPS なども収納できる。
それと PFD 用の専用ホイッスル。

信号紅炎やシグナルミラー、ダイマーカー以外にも
こういうオレンジ色の帯を海面に流す方法がある。
SEA/RESCUE というアメリカ製の商品だ。
帯が巻き込んであり、長さは 10 m ほど。

陸上運搬具（カヤックカート）

　シーカヤックを陸上で運搬する際の装備も必要でしょう。荷物を入れたシーカヤックは、とてもひとりでは持てません。そこで折りたたみ式のカヤックカートがあると便利です。ひとり旅の場合なら必携の装備です。カヤックカートは、シーカヤックのハッチ内に分解して収納できたり、デッキ上に固定できるよう工夫されたものです。カヤックカートは、別名カヤックキャリーとかカヤックワーゲンといった呼び方があります。

　離れ島などに行く場合、片道や往復にもカーフェリーを使うことがあります。島の回りだけを旅するというような場合です。そんな時にもカートは重宝します。港からシーカヤックを漕ぎ出せないことは多いので、近くの浜や斜路のある漁港まで歩いて移動するのに使います。荷物を入れたままカートに載せることが多いので、丈夫なことが求められます。

　車にシーカヤックを積み込んだままフェリーに乗り込むより、カートを引っぱって乗る方が経済的ですが、ほとんどのフェリーの料金体系に、シーカヤックは組み込まれていません。したがって、目安になる料金がないので個別に対応する必要があります。自転車と同じような扱いが妥当なのでしょうが、何しろシーカヤックのツーリングはまだ一般的じゃないので料金もまちまちです。

　かつてはオートバイのフェリー料金もそうでした。オートバイツーリングが日常的に見られるようになったのは、1980年代のオートバイブームの頃からです。ツーリングが当たり前のようになったため、車両デッキにオートバイを固定するノウハウが生まれてきました。それ以前は、オートバイでフェリーに乗り込む人があまりいなかったので、固定方法も確立されていませんでした。

　シーカヤックが日常的に見られるアメリカのシアトルやカナダのバンクーバーでは、カートに載せたシーカヤックを引いてフェリーに乗り込むのは当たり前のことで、料金もほとんど手荷物のような扱いだったり無料だったりします。それだけシーカヤックで旅をすることやフェリーを使うことが普通の光景だからです。

　日本のシーカヤックも90年代に比べればかなり一般的になってきましたが、それでもブームになるようなことはなく、ゆっくりと日本中に浸透しています。このゆっくりした流れが続いていけば、日本全国のフェリーにもシーカヤック料金が設定されていくのでしょう。港にもシーカヤック用の斜路ができるかもしれません。そうなるにはもっと時間が必要なのです。

カヤックカートを使ってタンデム艇を運んでいるところ。
ハッチ内に収納できるよう簡単に分解できるカートが、
色々と市販されている。
シーカヤックの旅では、カートの恩恵を受ける場面は多い。

このカートは、タイヤに空気を入れるタイプ。
砂浜を移動したり、離れ島行きのフェリーなどに乗る際には、
この手のタイヤの方が都合がいい。

野営道具（キャンプ道具）

　シーカヤックの旅は、キャンプツーリングでもあります。時には民宿やホテルに泊まることもあるでしょうが、キャンプ生活との組み合せだからこそシーカヤックの旅は面白いものです。海で心が解放され、無人の浜での解放感など、シーカヤックの旅では素晴らしい気持ちや光景に出会う機会が多いものです。雨や嵐の中でのキャンプは辛いこともありますが、そんな非日常的行為が逆に旅の意味合いを深めることもあります。嵐の停滞日も、考え方によっては休息日であり安息日です。旅とは賜ぶ（たぶ）のことであり、自然から何かを賜るための行動なのです。

　キャンプは野営ともいいますが、シーカヤックの野営は、オートキャンプのような規模はありません。バックパッキングの野営と同じようなシンプルさです。野営というより露営やビバークといったニュアンスです。旅の途上の仮泊、そんな規模のキャンプです。もちろんオートキャンプのような規模で、キャンプ自体を目的にすることもあります。シーカヤックツアーといった商業ツアーはサービス業でもありますから、そんなキャンプが多いものです。

　ミニマリズムやミニマリストという言葉があります。元々は芸術用語ですがアウトドアの世界でも使われます。1960年代に登場した芸術理論のひとつで、装飾的な要素を最小限に切り詰める手法です。そんな価値観がアウトドアの世界にも波及し、道具類をミニマムにする思想が生まれました。バックパッキングやシーカヤックの旅は、まさにミニマリズム的思想に通じるものがあり、シーカヤックで旅をする人は、ミニマリズムを必然的に行なっています。シーカヤックの旅は、ミニマリズム的な芸術でもあるのです。

　シーカヤックの旅に使用する野営道具も、装飾的な要素を排除し、シンプルさを追求します。ひとり用テントに、寝袋とマットと小型のキャンプストーブ。それにコッヘル（携帯用炊事具）に箸とコップがあればもう充分です。

　また、シーカヤックの旅にしか使わない道具を揃えることに抵抗を覚える人もいます。日常生活と同じものを使い、日常生活もシーカヤックでの旅生活も同じ次元でとらえる人です。シーカヤックの特別な装備以外は日常生活で使っているものを使う。それでもいいわけです。今の環境問題などは、このミニマリズムに解決のヒントがあるとも考えられます。こういった思想が拡がれば、装飾的なものは必要なくなります。耐乏ほど辛くもなく、清貧ほど立派でもなく、良い加減のミニマリズムは、これからの時代にこそ必要な考え方だと思います。

シーカヤック旅の野営風景。
上陸した無人の浜でくつろぐひと時は、何とも言い難い心地良さがある。
暗くなったら仲間との静かな語り合いもいい。
ひとり旅なら瞑想にふけるのもよし。
そして旅立ちの時には、痕跡を残さないのがマナー。残していいのは足跡だけ。
「立つ鳥、跡を濁さず」がシーカヤック旅の厳格な掟。

Photo by 野村誠治

シーカヤック漕ぎのほとんどは、前漕ぎだ。
しかも、旅道具満載のシーカヤックは、非常に重い。
重いシーカヤックを長時間、いかに疲れずに漕げるかがテーマ。

第3章

シーカヤック
漕法論

前漕ぎ（フォワードストローク）

シーカヤックの漕ぎ方のほとんどは、前に進むための漕ぎです。フォワードストロークともいわれますが、日本語では前漕ぎです。ブレードには、前漕ぎに使う表面（パワーフェイス）と後漕ぎに使う裏面（バックフェイス）があります。中には両面とも同じように使えるパドルもあります。それにシーカヤック用パドルのほとんどは、ブレードが非対称なカタチをしているので上下方向もあります。

ブレードが非対称形になっているのは、水中にパドルを入れる際に、斜めに入れざるを得ないからです。膝立ちして漕ぐシングルパドルのカヌーだと前後方向にまっすぐ引くこともできますが、シーカヤックの場合は着座位置が低いのでどうしても斜めに入れざるを得ません。水中でブレード面が斜めになってしまうのです。なので、中心を境に上下の面積が同じぐらいでないとパドルがブレてしまいます。そこで面積を同じ程度にするため、非対称形になっています。

ナローブレードだと対称形でも問題ありません。先人たちがワイドブレードにしなかったのは、その問題を知っていたのかもしれません。シーカヤックが本格的になってまだ30年ほどしか経っておらず、それ以前の数千年の伝統が一旦途切れたため、なかなか気付かなかったことです。全体的にシーカヤックのブレードは、細くなる傾向にあり、フェザーリングする意味もなくなる傾向にあります。

前漕ぎには、単に推進力を得るためだけではなく、左右の安定性をもたらすという役割もあります。要は転覆しないようにするため、左右を交互に漕いでいるということです。それがダブルパドルの英知だと思えます。カヤック以外にダブルパドルを使うカヌーはないのです。右側を漕いでいる時は、右側に支えがあることになります。逆の場合も同じです。つまり前漕ぎには推進力と安定性を生み出すという役目があるわけです。

ワイドブレードを使う場合は、パドルの全長が短くなりますが、ナローブレードだとかなり長くなります。長い分だけ遠くを支えることができますし、1回のストローク（水をかくこと）も長くなり、長距離漕ぎでは有利になります。

また、ワイドブレードを使う時はフェザーリングする傾向が強く、ナローブレードではフェザーリングをしません（アンフェザーといいます）。前漕ぎは、シーカヤックにとって永遠のテーマです。月日が経てばそれだけ人は衰えていきます。その年代で、その体力で最適な漕ぎができるよう、いつも努力していなければなりません。完璧な前漕ぎは、いつも究極の目標でもあるのです。

前漕ぎ（フォワードストローク）

シーカヤック漕ぎのほとんどは、前漕ぎです。漕ぎの技術は、写真などでいくら解説されても現実に漕がなければ分かりません。なのでイラストを使ってイメージだけを伝えます。ただ要点だけは説明します。

前漕ぎは、全身運動です。腕だけで漕いでいるわけではありません。上半身を回すように漕いでおり、膝はデッキの裏側に押し付け、足先でも踏ん張っています。なるべく前方の水をつかまえ、上半身を回しながら最後まで引きますが、なるべく肘を曲げないことです。パドルは引くというより、押す感じです。押し手（上側の手）は、胸の前あたりから押し出します。

傾向として、ワイドブレードで短いパドルの場合は、押し手がもっと高い角度（ハイアングル）から入ることもあります。ナローブレードの長いパドルは、低い角度（ローアングル）から入り、パドルが長い分、ストロークも長くなります。

停止(ストッピング)

　前に進んでいるシーカヤックを停止させる時は、パドルのバックフェイス側で前漕ぎとは反対の動きをします。言葉にするとややこしいのですが、要は止めようと思えば自然に停止させる動きになるはずです。ただ左右交互に止めないとシーカヤックが横を向いてしまいますが、逆にいうと横を向くようにも止められるということです。何ごともバランスです。

　シーカヤックは軽い舟なので止まる速度も速いのですが、急ブレーキをかける時は、それ相当の力が入ります。そんな時でもパワーフェイス側を使うことはありません。パドルの持ち方を変えることはほとんどありません。

後漕ぎ(リバースストローク)

　前だけではなく後にも漕げなければなりません。後漕ぎはリバース(バック)ストロークです。海を自由自在に動けるようになれるからシーカヤックは楽しいのです。後漕ぎは、停止と同様にパドルのバックフェイスを使います。したがってパドルを持ち替える必要はなく、そのまま前漕ぎとは逆の動きをすればいいだけです。

　日本とロシアが樺太・千島交換条約を結んだ明治8年(1875年)、千島列島の新知(シムシル、シンシル)島から北海道に持ち帰ったアリュートカヤックがあります。今も函館市北方民族資料館に展示してある3人乗りのバイダルカです。新知島にいたアリュート人やクリル人(千島アイヌ)が使用していたものと推測されますが、パドルも収集されています。

　この新知島パドルには表裏がありません。つまり後漕ぎも前漕ぎと同じ形状の面で漕げるわけです。こういう細工をすると、ブレードの重量が軽くなりパドル自体も軽量に仕上がります。軽量化と水をつかむ性能の両方を満足させる工夫なのではないでしょうか。19世紀の千島列島で生まれていた英知は、今でも継承できるよう函館の博物館に所蔵されています。

　後漕ぎの要領は、あまり深く漕がないことです。そして漕ぎながら後を向いて後方を確認しながら漕ぎます。そうしないと危ないからです。深く入れると安定が悪くなります。速度を求める漕ぎではないので、海面近くの水をキャッチする感じでしょうか。ブレードの先を見るようにすれば自然に後が向けます。身体をひねるわけです。左右のバランスが悪いとまっすぐ後には下がれません。

停止（ストッピング）

停止のイメージです。急激に止める際は、飛沫が上がるほどです。前漕ぎからそのまま止めるので、パドルのバックフェイスで止めます。左右交互に止めればまっすぐ止まります。

後漕ぎ（リバースストローク）

後に漕いでいます。やはりパドルのバックフェイスで漕ぎます。後方を確認しながらですので、上半身を回しながらです。水にはあまり深く入れないのがコツです。練習には、前漕ぎ、停止、後漕ぎという動作を繰り返すのが効率的です。

曲げ漕ぎ（スウィープストローク）

　シーカヤックは、その船型ゆえにまっすぐに進もうとします。そこで曲がるための漕ぎ方もあります。スウィープ（sweep）ストロークともいいます。スウィープとは掃くということです。ほうきで床を掃くような感じで漕ぐわけです。つまり海面近くを掃くように漕ぎます。ブレードを深く入れないように、大きく半円を描くようにします。左に曲がりたい時は、右側で曲げ漕ぎを行いますが、その際にシーカヤックを右に少し傾けるとよりスムーズに曲がります。傾けると水面下にあるシーカヤックの底部の形状が変化するので曲がりやすくなるわけです。

　この傾けるという行為は、Jリーンなどとも呼びます。頭や身体はまっすぐで、シーカヤックだけが傾き、前方から見るとアルファベットの「J」のようになるのでそう呼ばれます。つまり腰やお尻の動きで傾けるわけです。この腰の動きは重要で、ヒップフリック（hip flick）という技術にもなります。フリックとははじき飛ばすという意味で、傾き過ぎた場合に尻でカヤックをはじくように起こすことができるからです。転覆から回復する技術、エスキモーロールでもこのヒップフリックを使ってカヤックを起こします。

後曲げ漕ぎ（リバーススウィープストローク）

　後方へ曲がりながら進むための漕ぎ方という意味ではなく、定位置で回転するために使う漕ぎ方です。リバーススウィープストロークといいます。曲げ漕ぎとこの漕ぎを組み合わせることで定位置での回転ができます。後漕ぎより少し浅く漕ぐのが要領ですが、曲げ漕ぎのように漕ぐ側へ少しシーカヤックを傾けることで、スムーズに曲がります。例えば右回転したい場合は左に傾けて曲げ漕ぎを行い、すぐに逆に傾けて後曲げ漕ぎをすればいいわけです。

　シーカヤックを細かく動かす方法のひとつです。シーカヤックは長いので、意外に細かい動きが苦手です。隣の舟に近づけようと思っても、なかなかうまくいかないことがあります。そんな時にこういう漕ぎが使えるわけです。

　二人乗り（タンデム）のシーカヤックの場合だと、前の漕ぎ手と後の漕ぎ手が曲げ漕ぎと後曲げ漕ぎを同時にやることで定位置回転ができます。二人回し漕ぎ（クロスパドルターン）などと呼びます。二人乗りシーカヤックはさらに長く、細かい動きがより苦手なので、こういう特別な漕ぎ方があります。

曲げ漕ぎ（スウィープストローク）

イラストは、ゆっくり進みながら曲げ漕ぎをやっている感じで、ストロークが終わったところです。半円を描くように、海面近くを漕ぎます。パドルを支えにシーカヤックを少し傾けながら漕ぐと、より曲がりやすくなります。

後曲げ漕ぎ（リバーススウィープストローク）

止まった状態で後曲げ漕ぎを始めるところです。曲げ漕ぎと組み合わせると、その場で回転できるわけです。水がきちんとつかめていれば、パドルを支えにして傾けることができ、素早く曲がることができます。

横漕ぎ（ドロウストローク）

　シーカヤックは横方向へも動けます。ドロウ（draw）ストロークと呼びます。ドロウとは引き寄せるという意味ですが、横から手前にパドルを引くのでそういう名前になりました。前漕ぎをしながらストロークの最中に手前へ引く技術です。狭い水路などで多用します。引くことでシーカヤックの艫側が引き寄せられ、引いた方向へ動きます。横風の中で方向修正をする時も使います。

　完全に止まっている時はブレードを横側のなるべく遠くに入れ、手前に引いてきます。右に移動する場合は、右手が下になり、左手が上になりますが、左手は顔の前あたりです。頭の上に持ってこようとする人もいますが、基本的には前漕ぎの途中からの動きですので、理にかないません。身体を横にひねると遠くがキャッチできます。最初は慣れないので転覆することがあります。

　パドルのキャッチが正確に行われていれば、そこが支点になるので転覆しません。止まっている時の横漕ぎは、やはり引く方向にシーカヤックを傾けます。ブレードが手前まできたら、手首を90度にひねって元へ戻します。もしくは、横に引き上げて同じ動作を繰り返します。

横8の字漕ぎ（スカリングドロウストローク）

　この漕ぎ方は二人乗りカヤックに有効です。幅が広いのであまり傾けられないからです。スカリング（sculling）ドロウストロークともいいます。スカリングは、スカル（scull）からきていて、日本の伝統推進具である「艪（ろ）」の漕ぎ方です。つまりスカリングは艪漕ぎの要領ですが、艪漕ぎは構造上、上面がパワーフェイスになるので、パドルのスカリングとは反対方向に舟が動きます。

　パドルを8の字に動かすことで横へ移動しますが、8の字というより水をスライスするとか「Z」のように動かすとも説明されます。パドルを立てパワーフェイスを手前にして左右に動かすと横へ動きます。

　スカリングの練習などによってパドルが手に馴染んできます。今までの説明で分かるように、パドルは表面か裏面しか使いません。つまり前漕ぎか後漕ぎしかないわけです。他の漕ぎ方は、すべてその変形なのです。スカリングも後から前へいく時は、前漕ぎを後から前へとやっていることになります。また、漕ぎは全身運動です。足の踏ん張りも含め、腰のひねり手首のひねりなど全身が使われています。

横漕ぎ（ドロウストローク）

これは止まった状態での横漕ぎです。やはりパドルを支点にしてシーカヤックを傾けると、よりスムーズに横移動します。手前まで引いてきたらブレードを90度回転させるか、引き上げて元に戻すかします。前漕ぎしながら針路を修正する横漕ぎは、一連の動作中ですのでイラスト表現が難しいですが、ストロークの中間あたりで引き寄せる感じです。

横8の字漕ぎ（スカリングドロウストローク）

やはり止まった状態で横移動しています。パドルのシャフトは8の字のような動きですが、ブレードのパワーフェイス側で、スライスするように漕いでいます。イラストは一人乗りカヤックなので、もっと傾けられます。本来この漕ぎは、傾けにくい二人乗りに向いています。

艫当て舵（スターンラダー）

　艫（とも）とは船尾のことで、英語ではスターン（stern）といいます。パドルで舵を取ることをスターンラダーといいます。舵が装備されているシーカヤックでも、この技術は多用します。シーカヤックの舵は、補助舵のようなもので、それほど深く水中に入っていません。追い波の中ではすぐに空中に出てしまい効かないのです。本来シーカヤックはパドルで舵を取るのものなのです。

　当然ながらシーカヤックが前に走っていないと当て舵は効きません。右の後側にブレードの裏面を外側にして入れると、シーカヤックは右へ曲がっていきます。左にいれると左に曲がります。

　強い潮流の中で、後から（真艫から）押されて進んでいる時も使います。また、砕破帯（波が砕ける浅瀬のこと。第6章を参照）を抜けて上陸する際、波に乗ってしまった時にも使います。要するにコントロールできないほどのスピードになった時に頼れる技術です。当て舵を入れると当然速度も落ちて行きます。

　通常の前漕ぎで進んでいる時に、方向修正をするために使うドロウストロークではブレードを引きますが、艫当て舵ではブレードを外に押す感じになります。

下手押え回し（ロウブレイスターン）

　下手押え（ロウブレイス）は後述しますが、ブレードの裏面を使って海面を押える技術です。その下手押えよりやや後方を押えることで、シーカヤックがターンします。ロウブレイスターン（low brace turn）ともいいます。艫当て舵で曲がって行き、そのまま続け速度が落ちて行くと、最後には自然に下手押え回しになっています。それを意識してやることで急激に旋回できます。前進しているので傾けても安定していますし、旋回し終わったら傾きを戻します。

　止まった状態でやる後曲げ漕ぎがありますが、極端に傾けてやれば下手押え曲げ（スウィーピングロウブレイス sweeping low brace）という技術になります。

　この漕法論には漕ぎ方が色々出てきますが、実際は動きの中の一部に名前をつけているようなものです。漕ぎの練習は、漕ぎ遊びでもあります。遊びの中で技術が磨けるように名前があります。しかし現実のツーリングでは、遊びの漕ぎはほとんどしません。それこそ1日中前漕ぎを続けているので余裕がないのですが、それは遊びの次元が変化しているため、といった方がいいかもしれません。

艫当て舵（スターンラダー）

左の艫側に当て舵を行なっています。ブレードのバックフェイスが外を向いています。シーカヤックは舵で曲がるというよりパドルで曲がるわけです。

下手押え回し（ロウブレイスターン）

艫当て舵よりもっと急激に曲がる（ターン）ための方法です。当て舵よりも押え（ブレイス）に近いのですが、微妙な感じが違います。手首のひねり具合で、細かく動きを制御しています。

外傾曲げ（カーブドターン）

　進んでいるシーカヤックは、右に傾けると左に曲がっていき、左に傾けると右に曲がります。傾いた反対側へ曲がるということです。傾けることで、海面下の舟底のカタチが変わるからで、それがシーカヤックの特性です。この傾けて曲がる特性を積極的に使うことを外傾曲げ、カーブドターン（carved turn）と呼びます。このカーブというのは、彫刻するという意味ですが、進路を切り開くという意味もあり、進路を切り開くために使う技術です。

　横からの風を受けるとシーカヤックは風上側に向こうとします。それもシーカヤックの特性です。陸側から風が吹いてきた場合、シーカヤックは勝手に陸側を向きます。沖に流されないよう陸に帰ろうと合図を送ってくれるわけです。シーカヤックが構造的に持つ英知です。ただ、横風の中をまっすぐに進みたい時は、風上に向こうとするシーカヤックを、風上側に傾けることで補正するわけです。

　シーカヤックの安全性にもっとも脅威なのが風です。アリュート人のことわざには「風は川ではない」という意味の言葉があるといいます。風は必ず止まるという意味でしょう。風に対して敏感であることは、非常に重要なことです。

舷側横滑り（サイドスリップ）

　パドルを舷側に立てて、横滑りさせる技術です。当然ながらシーカヤックが進んでいる時にしか使えない技術で、やはり当て舵の一種です。横滑りですから、サイドスリップ（sideslip）ともいいます。

　シーカヤックが進んでいる時に、身体の真横あたりに垂直にブレードを入れます。ブレードの前側の縁（ふち、エッジ）を少し外側に向けます。するとシーカヤックが横滑りしていきます。他のシーカヤックや浮き桟橋などに、直接横づけしようとする時に使うと便利ですし、どこか洗練された感じを受けるものです。もちろんドロウストロークなどを使えばいいのですが、こういう当て舵の方法があるということを知ることも大切でしょう。

　舷側横滑りのような技術は、シーカヤックの漕ぎに彩りを添えるものです。つまり漕ぎという行為に面白みを持たせ、楽しみを増やすわけです。シーカヤックの漕ぎに味わいをもたらすわけです。そういう楽しみがシーカヤックへのさらなる興味につながり、漕ぐ技術の向上へとつながると思うのです。

外傾曲げ（カーブドターン）

前進しながら身体を左に傾けています。するとシーカヤックも左に傾き、舟底と水面の関係が変化します。シーカヤックは、左に傾くと右へ曲がって行きます。つまり積極的に舟底の形状を変化させているわけです。

舷側横滑り（サイドスリップ）

前進している最中に、単にパドルを舷側に入れるだけですが、ブレードの縁の角度によってシーカヤックが横へと移動します。こういう技術に、わざわざ名前を付けているところが面白いわけです。シーカヤックはある種の芸術なのです。

おもて舵（バウラダー）

　「おもて」というのは、舳とも書き「みよし」とも読みます。船首のことです。「みよし」は「水押し」で船首のことですが、舳とも書き「へさき」とも読みます。これらの用語は和船のもので、古来からの日本語です。英語ではバウ（bow）です。おもて舵はバウラダー（bow rudder）になります。

　バウラダーもパドルを使った当て舵のことです。バウ側にブレードを入れることで、急旋回ができますが、元々は回転しやすいリバーカヤックの技術です。シーカヤックでは前進速度が速い時にはあまり使いません。ゆっくりした速度の時に、こだわって使う人もいます。

　日本語で右に舵を切るのは「面舵（おもかじ）」といい、左に舵を切るのを「取舵（とりかじ）」といいます。面舵は干支の卯（う）から来ており「卯面舵（うむかじ）」が変化して面舵になりました。取舵は「酉ノ舵（とりのかじ）」です。

　日本の舟磁石（羅針盤）は十二支で書かれていた時代があり、北が子（ね）に当たり、東が卯（う）、南が午（うま）、西は酉（とり）になります。船首を子にした時、右舷は卯になり左舷は酉になります。そんな風習の名残のようです。緯度経度の経線は南北線ですが、それを子午線と呼ぶのもその名残です。

おもて交差舵（クロスバウラダー）

　右のブレードを左のバウ側に、左のブレードを右のバウ側に入れて舵を切るクロスバウラダー（cross bow rudder）と呼ばれる方法もあります。カナディアンカヌーからの技術のようで、シングルブレードのパドルに向いている技術です。シーカヤックで使う人は、あまり見かけません。とはいえ、これもやはり漕ぎに彩りを添えてくれるものです。

　マリナー式セルフレスキューを考えた有名なブローズ兄弟がいますが、お兄さんのマット・ブローズ氏がこのクロスバウラダーをデモンストレーションでよく披露していました。漕ぎ方の研究は、それだけで面白い世界です。もちろん基本的な漕ぎ方ができればシーカヤックの旅は可能ですが、旅というのは非日常の世界です。つまり日常的に海の散歩を楽しむことや、漕ぎの練習のために海に出ることもあるわけです。様々な漕ぎ方を知り身体に覚えさせていくことで、シーカヤックの世界が拡がり、旅という特別な日々を迎えるのです。

おもて舵（バウラダー）

舷側横滑りのパドルを、さらに前側に移動した感じです。シーカヤックはかなり速度が出ますので、通常は艫側で当て舵を行ないます。おもて舵は、速度が遅い時に使うものです。舵の効き方がかなり強く、その分抵抗も大きいからです。

おもて交差舵（クロスバウラダー）

さらに強く舵を効かせる方法が、おもて交差舵です。しかし、実際の旅ではほとんど使いません。こういう技術があることも知っておいた方がいいという程度です。かなり身体をひねるので、ある意味ストレッチや準備運動にもなります。

片手漕ぎ(ワンハンドストローク)と漕法論

　片手でパドルを漕ぐことは、ほとんどできないことだと普通は考えられています。ただ、スカリングだけは割と簡単にできますので、休憩中にちょっと横漕ぎをしたい時に使うことがあります。片手でパドルを持ち、持った側の肩にパドルを乗せて漕ぎます。少し横着な感じはしますが、それもまた漕ぎのバリエーションのひとつです。片手漕ぎ(ワンハンドストローク one-hand stroke)などと名付けられていて、普段からよく使っている人もいます。

　片手で漕ぐことはできないと思われていますが、それは健常者の考え方です。片手が使えない障害者でも、工夫すればシーカヤックを漕ぐことはできますし、シーカヤックの旅だって工夫次第でできるものです。

　障害の度合いには色々ありますが、シーカヤックを楽しんでいる障害者はいます。片足が不自由でもプロとして活躍している人だっています。片手の指先が使えなくなっても、それを補う器具を作ってプロのガイドをやる人だっています。人には、それぞれに可能性があるのです。

　そういう意味で片手漕ぎというジャンルは、人間の可能性を示唆してくれるものかもしれません。シーカヤックは文化ですが、それが文明になるには(文化論の章を参照)、誰もが参加できる普遍的なもの、合理的なもの、機能的なものでなければなりません。そういう意味の文明になるためには、障害を持った人にも門戸が開かれるよう、永続的な努力が必要だと思います。シーカヤックは障害者スポーツでもある。そんなレベルまで考える必要があるわけです。

　ここまでの漕法論は、前に進んだり後に進んだり、舵を取って方向を修正したりと、積極的な漕法とでもいいますか、舟を操作するための操舟術でした。英語的に書くとマヌーバー(maneuver)といい、いかに巧みに操作するかという技術論でした。しかし漕ぎには、漕ぎを失敗した際のバックアップ技術のようなジャンルもあります。それが次項からの話です。

　まずは、押えというジャンルがあります。ブレイス(brace)ともいい、シーカヤックを転覆させないための技術です。さらには支え(サポート support)というジャンルもありますし、転覆してから通常の状態まで復元する漕法や再上艇するための手順があります。また漕げる限界を超えるような海に遭遇することもあるでしょう。そんな場合を想定した対処法を考えることも大切なことです。

片手漕ぎ（ワンハンドストローク）

片手だけで横8の字漕ぎをしています。片手が空くので、休憩中にちょっと動きたいとか、微風で横流れするのを止める時などに便利です。こういう漕ぎができるのは、かなり技術が上がっているということです。

写真は、隣のカヤックに近づき過ぎて艫当て舵を行なっているところです。マヌーバーという言葉は一応日本語化していますが、計略や策略という意味で使われるので誤解されるかもしれません。ここでいうマヌーバーは、巧みな操縦という意味です。シーカヤック漕法は、現実的な技術ですが、そこには芸術性があります。職人技が、技術から芸術へ進化するようなものだと思います。巧みな技術を持つ人を匠（たくみ）ともいいますから、漕法は技術から技巧へ進化します。

押え漕ぎ（ブレイスストローク）

下手押え（ロウブレイス）

　ブレードの裏面を使って、傾きかけたシーカヤックを押える動作です。ロウブレイス（low brace）と呼びますが日本語的には下手押えでしょう。ブレードの裏面を使って水面を押える技術で、肘より先が下を向きます。着座位置との関係で、肘を肩の位置まで上げないとブレードを下向きに押えることができません。下手押えは、後漕ぎを後から前ではなく、上から下へ漕ぐことに変化させたものともいえます。転覆しかけた時、とっさにこの動きができるよう訓練する必要があります。傾きがある程度以上になると、下手押えでは対処できません。

　下手押えは、シーカヤックのデッキの高さぐらいまでの砕ける横波に襲われた時に使います。したがって、砕破帯で使う機会が多いものです。遠浅の海岸に打ち寄せる巻き波の中でよく使うものです。

　また、横から来るうねりを受けながら進んでいる際に波が崩れることがあります。そんな時は、前漕ぎをしながら途中で瞬時にこのブレイスを使って対応します。前漕ぎのストロークの最中に手首を下向きに返せば、下手押えになります。

上手押え（ハイブレイス）

　横波がデッキより高く押し寄せてくるようになったら下手押えでは対応できません。したがって上手押えに移行します。上手押えはハイブレイス（high brace）と呼びます。肘より先が上を向きますが、必ず脇を締めて行ないます。脇が甘いと肩を脱臼することがあるからです。波の力は、想像以上に強いということを認識してください。波の中で肩を脱臼したら悲惨な状況が待っています。

　波を縫って上陸する時、思わぬことでシーカヤックが横を向いてしまうことがあります。追い波の中で船が横に向くことをブローチング（broaching）といいますが、通常の船舶では転覆するような非常に危険な状態です。シーカヤックでは、ブローチングの状態を立て直す余裕がない時は、波が来る方向に身体を預け、上手押えや下手押えをしながら、そのまま横滑りして上陸することがあります。この上陸方法をブローチングと呼ぶこともあります。上手押えになるか下手押えになるかは、波の大きさ次第です。海側ではなく浜側に身体を傾けると、一気に転覆してしまうので練習が必要です。

下手押え（ロウブレイス）

止まった状態で、わざとシーカヤックを傾けて練習している感じのイラストです。肘を張って上から下へ押すのは、意識しないとできません。ただ押えようとすると肘から先が海面と水平になりうまくいきません。

上手押え（ハイブレイス）

これも上手押えを練習している感じです。右の脇を締めています。脇が締まっていないと波の力で脱臼することにつながります。なぜならこの押え技を使うのは、横から大波や磯波をかぶるような時ですから。

第3章　シーカヤック漕法論

叩き支え（スラップサポート）

　これは反射的に使う対処法で、スラップサポート（slap support）ともいいます。スラップとは平手打ちのことです。ブレードの表面や裏面を使って海面を反射的に叩いてリカバリーする方法です。瞬間的な下手押えや上手押えだと考えていいでしょうが、押えるというより支えるという感じになります。ブレードが斜めに入ると失敗して転覆する羽目になります。
　反射的に使えるようになるには、やはり訓練が必要です。下手押えや上手押えなどの反復練習によって、この叩き支えもできるようになることでしょう。
　前漕ぎと叩き支えを組み合わせることもあります。波頭を叩いて、そのまま前漕ぎを続けるといった状況は多いものです。手首を柔軟に使うことが重要です。アンフェザーでの前漕ぎは、フェザーリングのように手首（ほとんど右手首）を返す動作がありませんが、押え漕ぎをする際には両手首を返しています。また、アンフェザーの前漕ぎストロークの最後で水からブレードを抜く際に、手首を下手に返してスムーズに抜く人もいます。より抵抗が無いように水から抜いているわけです。

浮かせ押え（フローティングパドルブレイス）

　これは特別な技術ではなくパドル自体が持つ浮力を使った押えです。コックピットから真横にパドルを出して、ただ浮かせるだけです。それだけでシーカヤックは安定します。木製のパドルであればさらに浮力が得られます。つまり、パドルには推進具という役目もありますが、浮力体の役割という側面もあるわけです。
　現在はプラスチックパドルが全盛ですが、伝統カヤック世界のパドルはすべて木製でした。木製パドルの方がプラスチックパドルより浮力が高いと思われ、パドルフロートのようなものが必要になったのは、パドルの浮力の低下が原因かもしれません。パドルの浮力と漕ぎの関係は、今まであまり考えられてないのですが、おそらく微妙に違うと思われます。微妙な違いも長距離になったり数十年単位となると大きな違いになります。
　近年、FRP製の漁船で長年操業を続けると足腰がやられ、漁師としての寿命が短くなるといわれ始めています。木造漁船は粘るので身体に負担が少ないと、若い漁師があえて木造船を新造している地方があります。FRP船が浸透し始めて40年。ようやくその欠点が見えてきたわけです。考えさせられる事象です。

叩き支え（スラップサポート）

これも叩き支えを練習している感じです。実際は、前漕ぎをしながら途中で波頭が襲ってくる時に、瞬間的に叩いて支えます。また、止まっている時に何かの拍子で転びそうになることがあります。そんな時も反射的に叩いて支えます。

浮かせ押え（フローティングパドルブレイス）

休憩中にパドルをただ浮かせているだけです。これだけでも安定が良くなるわけです。何気ない動作ですが、充分に意味があることなのです。この意味が分かるとパドルの浮力という部分にも目が行くようになります。

上手(うわて)押え曲げ（スウィーピングハイブレイス）

　ハイブレイスをやや前方にスウィープするような感じで行なうと、傾きを押えながら曲げることができます。ロウブレイスで行なうと下手押え曲げ（スウィーピングロウブレイス）になります。これは押え漕ぎでもあり、曲げ漕ぎともいえます。止まった状態で方向転換をする時によく使いますが、より傾いた状態ですので素早く方向転換ができます。

　シーカヤックが傾くというのは、接水している舟底のカタチが変化することです。傾けると、横から見た舟底は丸みが強くなり、ロッキングチェア（揺り椅子）の足のようになります。ロック（rock）とは、音楽のロックもそうですが揺さぶるといった意味で、舟底の丸みが強いことをロッカーが強いといいます。ロッカーの強い舟底は回転しやすくなります。つまりシーカヤックを傾けるとロッカーの強い舟底に変化するわけです。そういう特性を使って漕ぎに活用しているわけです。

8の字押え（スカリングブレイス）

　横8の字漕ぎ（スカリングドロウストローク）を変形させた押え漕ぎです。スカリングブレイスとかスカリングサポートとも呼びます。スカリングの技術がより高度になると、シーカヤックを真横まで倒しても安定させることができます。身体の半分が水に浸かった状態でスカリングをするわけです。そこまで傾ける必要性はないのですが、遊びとしては面白く、グリーンランドの伝統カヤック乗りたちの技術として生まれたものです。

　グリーンランドの伝統カヤックは、現代のシーカヤックに比べかなり低く、厚みがありませんので、特にこういった動きがやりやすかったようです。海の状況や漁猟の形態がこういうカタチを生み出したのでしょう。したがって極端に倒して行なうスカリングブレイスをグリーンランド式とも呼びます。

　グリーンランドの伝統カヤックが、なぜ傾けやすく起こしやすいというカタチになったのか、確定した理由は分かっていません。アリュートのカヤックに比べると構成される部材が少なく、限定した状況でしか使わなくなったため、という意見もありますが結論は出ていません。アリュートのカヤックは、底荷（バラスト ballast）になる重石を積んで転覆しないよう対処していたようです。部材の数もグリーンランドのカヤックに比べると格段に多くなります。

上手押え曲げ（スウィーピングハイブレイス）

この技術は、マヌーバー系に入るかもしれませんが、ここでは上手押えの変形として紹介しておきます。止まった状態で曲がりたい時は、曲げ漕ぎよりこちらの方が素早く曲がれるので、結構多用します。

8の字押え（スカリングブレイス）

この押えは、デモンストレーションで使うことが多いものです。横倒しのまま安定させています。角度によっては横移動もできます。旅では、ほとんど使いませんが、技術向上のために練習してみるのも一興です。これができれば技巧派です。

強風下と波乗り

　シーカヤックがもっとも苦手とするのは強い風です。海上の風の目安となるビューフォート風力階級の風力4になると初心者には限界の風になります。風力4は5.5〜7.9 m/s（メートル／秒）の風です。風力5の風速8〜10.7 m/sになると、経験を積んだ人でも真剣になる状況です。風力6の10.8〜13.8 m/sになるとシーカヤックの限界が近づきます。風力7、13.9〜17.1 m/sになると、あきらかにシーカヤックの限界です。風速は秒速で示すことが多いのですが、時速に換算すると分かりやすくなります。秒速10 mは時速36 kmです。36 km/hで走るオートバイで受ける風の強さです。15 m/sを超える向かい風では、ほとんど進めません。

　気象庁による強風注意報は、おおむね10 m/s以上になると発令されます。風力でいうと5から6です。警報は暴風警報といいますが、こちらは20 m/sが基準です。風力8以上になります。天気予報で強風注意報が出たら、海に出ない判断を下した方がいいはずです。基準となる10 m/sの風は、陸上の風速であることが多く、海上の風はより強いものです。予報が聞けない場合は目前の状況で判断しますが、風裏にいる場合は分かりません。風の中の航法は第4章で後述します。

　また、シーカヤックは追い波に乗って進める舟です。波乗りのことはサーフィン（surfing）ともいいますが、波打ち際のサーフィンに加え、沖合にうねりがある時にも方向が合えばサーフィンしながら進むことがあります。サーフ（surf）とは基本的には磯波、浅瀬に打ち寄せる波のことです。カヤックやカヌーの歴史を考えると、ハワイで始まった板乗りのサーフィンよりカヌーサーフィンの方が古いと思われます。もちろん日本列島でも磯波の立つ浜を拠点にしていた漁師などは、カヌーによる波乗り技術を持っていたと考えられます。

　波乗りは、それ自体が遊びになるほど面白いものですが、ツーリング時は装備が満載されているのでリスクを伴います。転覆する可能性が高いからです。波の程度によりますが、上陸する際は波に乗らない方が賢明なやり方です。波に乗らないよう、波が来たら速度を落とし、時には後漕ぎで波をかわします。

　とはいえ、波乗りのリスクがどれほどなのかは、波乗りを経験しないことには分かりません。したがって波乗りや波に乗らない練習が必要になります。シーカヤックスクールでは波乗り講習会も行なわれていますし、サーフィン用のカヤックもあります。最近ではカヤックサーフィン大会も行なわれています。波乗りは、漕ぎの技術を上げるための近道にもなります。

ジョン・ダウドによるシーカヤック風力階級表

風力	風と海の状況	風速（ノット）	風速（m/s）	漕ぎの状況
0	平穏（Calm） 鏡のような海面。	0〜1	0〜0.2	単調な漕ぎ。夏日は高体温症の可能性あり。
1	至軽風（Light air） うろこのような、さざ波ができる。波がしらに泡はない。	1〜3	0.3〜1.5	後からの風でない限り、暑さから少し解放される。追い風だと風は感じない。
2	軽風（Light breeze） 小さい小波がはっきりしてくる。波がしらは滑らかに見え、砕けていない。	4〜6	1.6〜3.3	快適な漕ぎができる。
3	軟風（Gentle breeze） 小波の大きいもの。波がしらが砕け始める。泡はガラスのように見える。ところどころに白波が見える。	7〜10	3.4〜5.4	シーカヤックの旅日和。
4	和風（Moderate breeze） 波の小さいもので、長くなる。白波がかなり多くなる。	11〜16	5.5〜7.9	初心者には限界の風。
5	疾風（Fresh breeze） 波の中ぐらいのもので、いっそうはっきりして長くなる。白波がたくさん現われ、飛沫を生じることもある。	17〜21	8.0〜10.7	経験を積んだ人ならまだ大丈夫。
6	雄風（Strong breeze） 波の大きいものができ始め、いたるところで白く泡立った波がしらの範囲がいっそう広くなる。飛沫を生じることが多い。	22〜27	10.8〜13.8	岬付近は気まぐれな風が吹く。避ける方がよい。
7	強風（Moderate gale） 波はますます大きくなり、波がしらが砕けてきた白い泡は、筋を引いて風下に吹き流され始める。	28〜33	13.9〜17.1	明らかに通常のシーカヤック旅の圏外。
8	疾強風（Fresh gale） 大波のやや小さいもので、長さが長くなる。波がしらの端は、砕けて水煙となり始める。泡は明瞭な筋を引いて風下に吹き流される。	34〜40	17.2〜20.7	シーカヤックの限界。前へ進めない。
9	大強風（Strong gale） 大波。泡は濃い筋を引いて風下に吹き流される。波がしらはのめり、崩れ落ち、逆巻き始める。飛沫のため視程が損なわれることもある。	41〜47	20.8〜24.4	シーカヤックは後方へ流される。
10	全強風（Whole gale） 波がしらが長くのしかかるような非常に高い大波。大きな塊となった泡は、濃い白色の筋を引いて風下に吹き流される。海面は全体として白く見える。波の崩れ方は、激しく衝撃的になる。視程が損なわれる。	45〜55	24.5〜28.4	シーアンカーを使って漂泊するしかない。
11	暴風（Storm） 山のように高い大波（中小船舶は、一時波の陰に見えなくなることもある）、海面は風下に吹き流された長い白色の泡の塊で完全に覆われている。いたるところで波がしらの端が吹き飛ばされて、水煙となる。視程は損なわれる。	56〜63	28.5〜32.6	追い風のコースを選ぶか、シーアンカーにて漂泊する。
12	台風（Hurricane） 大気は泡と飛沫が充満する。海面は吹き飛ぶ飛沫のため完全に白くなる。視程は、著しく損なわれる。	64〜	32.7〜	シーカヤックからの見通しはゼロに近い。シーカヤックの艫からロープを垂らし、速度を遅らせて走るのが多分唯一の実際的な選択。

自己救援術（セルフレスキュー）

エスキモー式回転起き（エスキモーロール）

　ここからは、自分で自分を救援する方法、セルフレスキューについて考えてみます。人に頼らず、おのれの力で生き抜くというのは、安全の基本になるものです。もちろん人に頼ることも大切ですが、安全の基本はセルフレスキューです。

　カヤックでもっとも特徴的な技術がエスキモー式回転起きです。転覆しても回転して起き上がる技術です。単にロールともいいますが、エスキモーの技術だったため、伝統的にエスキモーロールという呼び名が使われます。辞書にはエスキモー式転倒復元などとありますが、回転起きの方が分かりやすいでしょう。

　ロールができると転覆しても起き上がれますが、時化た海でも大丈夫かというと、そうではありません。カヤックの限界を超えた海での転覆は、ロールで起き上がっても状況に変化はなく、再び転覆する可能性が高いからです。時化た海で転覆するというのは、技術レベルがその海に対応できていないからです。総体的に、その海に対してのシーカヤック技術が足りないということです。だから、ロールは時化た海でのバックアップが目的ではないと考えた方がいいと思います。

　ロールは、カヤックの本来の目的である「漁猟」用の技術だと考えられます。元々カヤックは、魚や海獣類を獲るための舟でした。カヤッカーというのはハンターだったのです。彼らは日常的に獲物と格闘していたはずです。カヤックは漁猟という行為に適した舟で、転覆しやすい構造には理由があったのです。それが何なのかは、カヤックで漁猟をし続けなければ理解できません。その上で、ロールが生み出された理由が分かってくると思われます。

　今のシーカヤックは、狩猟の道具ではなく旅の道具です。したがって獲物との格闘はないので、転覆させられることもなくロールの必然性もありません。ただ、今のシーカヤックにおけるロールの意味は、基本的な技術向上のために必要なものでしょう。様々な漕ぎ方を覚える際、失敗して転覆してもすぐに起き上がれれば合理的に練習できます。そんなバックアップ技術です。

　したがって、ロールの練習は早い段階ですべきでしょう。何しろ漕ぎに自信が持てますし、向上心が生まれます。ロール練習の前に、転覆したカヤックから確実に脱出する練習が必要なのはいうまでもないことです。転覆からの脱出は「沈脱（ちんだつ）」と呼びます。カヤック用語です。

　ロールに失敗したら、沈脱して再乗艇を試みることになりますが、その方法は次の項で紹介します。練習順としてはそちらが先になります。

ショートロール

実をいうと、エスキモーロールには、本が一冊書けるほど様々な手法があります。エスキモーロールは、旅の技術というより、独立した面白さがあるようです。シーカヤックの場合は、要は起き上がれればいいだけです。このイラストは、パドルの握りを変えずにそのまま起き上がるイメージです。これを短いロール、ショートロールと総称しています。

ロングロール

ショートロールは、パドルを持ち替えないのですが、より確実に起き上がるには、パドルの伸ばして（持ち替えて）行なうと、より浮力が得られます。なのでロングロールです。片方のブレード面を持って、パドル全体の浮力を利用して起き上がります。ショートロールに失敗した場合も、再度ロングロールで起き上がることもできます。そういう意味でバックアップのロールです。

マリナー式自己救援術（マリナーセルフレスキュー）

　パドルフロートを開発したマリナーカヤックス（Mariner Kayaks）の名を取ってマリナー式と呼びます。装備論のところでも書いたようにマリナーカヤックスは、現代シーカヤック文化のひとつの礎になったシーカヤックメーカーです。80年代にはマリナー製のシーカヤックも日本に輸入されていましたが、ビジネスを拡大することもなく、創業者のブローズの兄弟もビジネスシーンからはリタイアして悠々自適の生活をしているようです。ただウェブサイトでの情報発信は続けており、シーカヤック界への責任を持ち続けています。

　エスキモーロールができても、失敗しないとはいい切れません。失敗したら沈脱してパドルフロートによる再乗艇です。手順は文字で読んでも実感が伝わらないので、練習の現場で確実に覚えて下さい。

　穏やかな海では有効なレスキュー方法ですが、強風下の時化た海では、かなり難しくなります。岸が近い時は、そのまま上陸することも視野に入れるべきでしょう。次のシーウイングと組み合わせて使うことも考えられます。

シーウイング自己救援術（シーウイングセルフレスキュー）

　カナダのオンタリオ州にあるジョージアンベイカヤック（Georgian Bay Kayak）が開発したシーウイング（Sea Wing）を使ったセルフレスキューです。ファルトボートの船体布に張りを持たせるためと、浮力確保に使われる舷側部の浮力体（スポンソン）を、いかなるカヤックにも装備できるよう、むき出しにした製品です。

　転覆して沈脱したら、まずはシーウイングをセットしてからカヤックを起こします。シーウイングがセットされたカヤックは、非常に安定感が良くなっており、再乗艇もかなりスムーズに行なえます。再乗艇したら水を抜きます。強風下の時化た中では、セットした状態で漕ぎますが、その際にループ状のショックコードを艇全体に回しシーウイングの引きずりを防止しておきます。要するにシーウイングをより艇に密着させるわけです。カヤックの限界というのは、漕ぐ人の限界を意味しますが、シーウイングによってその限界も同時に上がるわけです。

　シーウイングを装着したシーカヤックなら、立ち上がることも可能なほどの安定性になりますが、当然速度は遅くなります。旅の中でシーウイングを使う場面に遭遇したら、いかに安全に上陸するかを優先させるべきだと思います。

マリナー式自己救援術（マリナーセルフレスキュー）

パドルフロートで浮力が増したパドルに足をかけ、這い上がろうとしています。後のデッキにうつぶせのまま這い上がり、足をコックピットに入れ、くるりと回って着座します。這い上がった時に重心を高くすると逆側に再び転覆してしまいます。この練習でシーカヤックのバランスが身体で理解できます。

シーウイング自己救援術（シーウイングセルフレスキュー）

シーウイングを装着した状態です。片側しか見えませんが両サイドに装着されています。これで左右の安定性が相当高くなっています。浮袋を使う発想は、伝統カヤックの時代に生まれています。当時は、アザラシの皮などを縫って作られていました。

補助救援行動

抱え込み法

　転覆したシーカヤックを救援するには、なるべく早く近づくことです。沈脱した人も、ホイッスルなどで合図をして助けを求めます。沈脱した際に艇を決して離さないことです。風があると、シーカヤックはあっという間に流れていきます。

　救援者は、バウとスターンが逆向きになるよう横づけします。沈脱者が反対側にいることが肝心です。また横づけは、なるべく風上側からします。沈脱者はパドルの確保も忘れてはなりません。救援者にパドルを渡し自力で艇を起こしますが、無理なら救援者に補助してもらいます。救援者はパドルを確保しなければなりませんので、自分のパドルと一緒に脇に抱え、転覆艇の裏返った舟底に置き、沈脱者の手をつかみます。すると沈脱者は艇の反対側に手が届き、自力で艇を起こすのが楽になります。荷物が満載された重い艇の場合に有効です。

　さて、カヤックが起きました。救援者に艇を強く押えてもらい、自力で乗り込みます。救援者は、かなり強くホールドしなければなりません。沈脱者はコックピットの後側のデッキに上半身を上げますが、頭を低くし重心を上げないことです。うつぶせのまま足をコックピットに入れ、くるりと反転してシートに座ります。パドルフロートの再乗艇と同じ要領です。セルフレスキューの練習をしていなければ、補助の再乗艇も要領が分かりません。だからセルフレスキューが基本なのです。

　後は水を抜いてスプレーカバーを装着して終わりですが、波が高い時はスプレーカバーを先に装着し、横に隙間を作りビルジポンプを差し入れて排水することもあります。スプレーカバーがないと、波がどんどん入ってくるからです。

　この方法がもっとも簡単な救援法ですが、転覆した位置が岩礁や堤防近くであれば、沖まで牽引して移動することも考える必要があります。波が高い場合は、救援者の方にも危険が及ぶこともあります。横づけした艇と艇の間に指をはさまれてケガをすることも考えられます。

　沈脱者の体力や精神状態にも対応しなければなりませんし、自力で再乗艇できないほど弱っていたり、力がない場合もあります。救援者がか弱き女性で、沈脱者が巨漢の男性だった場合、艇を押えるのが無理な場合もあります。悪い状況はいくらでも考えられます。風速15m/sでの救援は、とてつもなく困難でしょう。そんな風の中で訓練することもまた難しいものです。

　とはいえ、抱え込み法をより確実にする技術もあります。それが次に登場するあぶみ法とドーソン式です。

抱え込み法

抱え込みは、もっとも現実的な救援法です。ただし、救援する側、救援される側の両方を練習しておくことが大事です。そうすればどちらの立場になってもスムーズに事が運ぶでしょう。また、穏やかな海と時化た海とでは、まったく状況が違います。転覆したところが岸壁近くだったらなおさらです。常に臨機応変な判断と対応が求められます。

写真は実際に救援している模様です。近くに救援艇が2艇いたので、より楽に救援ができました。海も穏やかです。これが時化ていたら、もっと厳しい救援になったはずです。

パドルあぶみ法（PSレスキュー）

　PSとは、パドルスティラップ（paddle stirrup）の略です。馬具のあぶみ（鐙）がスティラップです。あぶみを作り足をかけて再乗艇する方法です。救援者が脇に抱えた2本のパドルに、2mほどのロープを使って輪を作ります。その輪に沈脱者は足をかけて這い上がります。力のない人や、身体が冷えている場合は、足の力が使えるので楽に上がれます。

　このあぶみ用のロープは、フローティングロープがいいでしょう。カナダのバンクーバーにあるノースウォーター社（NORTH WATER）からは、製品として販売されています。レスキュー用装備を専門にするメーカーです。パドルフロートによるセルフレスキューでも、このあぶみロープは使えます。

　この方法だと救援者側が安定していることも見逃せません。ただ問題があるとすれば、パドル自体に負担がかかるので、パドルが折れるという可能性がないとはいえないところですが、実際は問題ないようです。

ドーソン式吊下げ法（ドーソン・スリングレスキュー）

　カナダのバンクーバー島に住む有名なシーカヤッカーであるジョン・ドーソン氏が考えた方法で、あぶみ法のバリエーションです。救援者の艇にロープが固定してあり、沈脱者の艇のコックピットの枠を利用してロープを回し、その先の輪をあぶみにして乗り込むという方法です。

　救援者の艇のどこに固定するかは、艇によって異なるのでしょうが、この方法だと、か弱き女性が巨漢の男を充分に救援できます。なぜなら沈脱者の艇を強くホールドする必要がないからです。枠にかかって固定されたロープは、沈脱者が足をかけることで体重がかかり、救援者の艇と沈脱者の艇を強固にくっつけます。つまり救援者の力がなくても安定した状態が作れるわけです。

　やはりノースウォーター社からはスリングレスキュー用のロープが販売されていますし、シーカヤックを車に固定するタイダウンベルトやフローティングロープでも代用できます。

　この方法は21世紀になってから考案されました。こういう細かい、ある種の技術革新がシーカヤックの世界では続いています。ドーソン氏は大学などでもシーカヤックを教えています。

パドルあぶみ法（PS レスキュー）

パドル 2 本にロープを回してあぶみにします。それに足をかけて這い上がります。腕に力がない人には、有効な方法です。抱え込み法の練習で、どうしても這い上がれない人がいたら、この方法を試してみましょう。

ドーソン式吊下げ法（ドーソン・スリングレスキュー）

ドーソン式は、あぶみ用ロープをパドルではなく救援側のシーカヤックに固定するやり方です。必然的にカヤック同士が支え合うので、救援者の負担が軽減されるし、やり方も単純なので実用的です。

TX 救援法（TX レスキュー）

　救援行動をする際に、その手順をコードネームのようなもので呼ぶことがあります。T、TX、H、HI などがあるのですが、これらはリバーカヤックの世界で使われてきました。シーカヤックの世界で現実に教えられているものは、ほとんど TX レスキューです。この TX は「T」と「X」という文字のカタチを表わしています。PS レスキューのような略語ではありません。

　この救援法は、シーカヤックスクールなどで教えるためにある方法で、実際のツーリングでは、ほとんど使用しません。荷物満載のツーリングでは、現実的じゃないからです。しかし、救援行動を教える際には有効な手段です。

　抱え込み法で沈脱した艇に近づく際、いきなり横づけするのではなく、沈脱艇の舳先に近づきます。沈脱者は、パドルを持ったまま艫に移動します。救援者は、沈脱艇の舳先を持って自分のコックピットに引き上げます。すると沈脱艇のコックピットに入った水が出ていきます。この引き上げる際に、沈脱者は補助として押したり、自分の艇を水面下に押します。すると救援者が引き上げやすくなります。つまり浸水したカヤックの水をなるべく多く排出するわけです。後は、抱え込み法の要領で再乗艇することになります。乗り込んでからの排水量が減る利点があり、教える過程が合理的になるからです。訓練のための技術ということになります。

　HI レスキューなどは 2 人で 1 人を救援するのですが、TX レスキューと同じように、沈脱者が乗り込む前にいかに排水しておくかがポイントで、実際のツーリングではほとんど使いません。

　集団でのツーリングは、グループという感じの集団ではなくチームによるツーリングです。意志や技術の疎通がない群れでの旅ではなく、意志の統一がある隊や組での旅といったニュアンスでしょうか。チームワークで旅の困難に対処していくという感覚です。

　補助救援行動も、同じようにチームワークでの行動中に起こるトラブルです。ということは、事前にチームワークがあるということが前提になります。単独で旅をしていて、やはり単独で旅をしている人と出会い、その出会いが救援行動になる場合だって想定されるかもしれません。ただ単独で旅をする人なら、当然セルフレスキューが分かっているので、救援行動もスムーズに行なえるはずです。

　そのためにもレスキューに関する統一した認識は必要だと思います。ここまで解説した技術は、少なくとも日本や北米では共通した認識があります。

TX 救援法(TX レスキュー)

　上の2点のイラストは、シーカヤックのカタチが、T字からX字になることを示しています。実際の救援では、これほど悠長なことはしません。T字の段階でも充分に排水されますし、荷物が満載であればX字まで引き上げるのも困難です。
　補助救援行動は、成功すれば正解です。いかなる方法でも無事に救援でき、最終的に陸上へ戻れたら、それでいいわけです。ここで挙げた行動は、救援するという目的のための手段(方法)の見本です。大切なのは、瞬時にいかに行動できるかということや、成功率がいかに高くなるかという確率です。これは机上の論理です。こういう机上の論理から、実際の行動へ移せる動機付けが、本書の役割なのです。

第3章　シーカヤック漕法論　　113

霧がかかり、目標の百貫島（燧灘）がまったく見えない。
コンパスを確認しながら進むカヤック隊。
（第6次瀬戸内カヤック横断隊）

第4章

シーカヤック航法論

シーマンシップと航海術

　シーマンシップとは、端的にいうなら、海の掟に従って生きる術のことです。日本語にすると航海術になります。術とはアートであり、技術や芸術だけではなくその道徳観までが問われます。シーマンシップを表現する標語に「スマートで、目先が利いて、几帳面、負けじ魂、これぞ船乗り」というものがありますが、これは大正時代に大日本帝国海軍で作られた標語です。海軍精神を教えるものとして、戦後も海上自衛隊や海上保安庁、商船や水産系の船員教育にも使われてきました。

　シーマンシップを運用術（船舶を操縦する技術）だけに限定することもありますが、もっと広い意味での航海術だと考えた方がいいと思います。ただ一般にいう航海術は、幕末頃から移入された西洋式の考え方です。しかし航海の歴史を考えると、当然ながら日本古来から続く独自の航海術があったはずです。

　シーカヤック航海術は、西洋式というより古来の伝統航海術に近いものかもしれません。しかし太古の日本で使われていた航海術に関する記録や文献はほとんど存在しません。文章ではなく口伝えや子供の頃からの修業といった、経験から培われるものだったと思います。柔道などの武道や、茶道などの芸道に近いのでしょう。

　西洋人が初めて太平洋に現われたのは1520年のマゼラン艦隊ですが、途上の島々では、すでに人々が暮らしていました。その頃には日本にも水軍書なる一連の航海書がありました。1456年（1505年という説もあります）の「船行要術」という書が最古で、能島村上水軍の祖、村上雅房公の言による書物のようです。

　太平洋に人類が拡散し始めたのは4000年ほど前だといわれていますが、終着的な島であるハワイ諸島には1500年ほど前、そしてニュージーランドには1000年ほど前に到達しています。彼ら南太平洋諸島民の祖先は、東アジアから来た人々だという説が強く、日本列島から船出した人々がいた可能性もあります。つまり日本を含めた東アジアには独自の航海術があり、その航海術が人類を太平洋へ拡散させたかもしれないのです。いうなればカヌー航海術です。南太平洋には星を使う航海術が残っており、シーカヤック航海術もそれに近い感覚があります。

　さて、この章ではシーカヤックの航法について考えていきます。実際に旅をするために必要な技術です。英語だとナビゲーションといいます。航法もまた航海術の一端を担う技術です。シーカヤックは、航海計器をほとんど使いません。観察と記憶、それに判断や決断といったものが求められます。さすがに星を使うことまではしませんが、相当に感覚的というか、芸術的な世界だといえます。

旅の計画

　シーカヤックの旅は、例えそれが半日だけの行動だとしても、ある程度の計画が必要です。ところがその計画は、突然変更されることがあります。刻々と計画が変更されながらも目的地を目指しますが、時には目的地さえ変更されます。それは、海という自然が相手だからです。自分の都合ではなく、海の都合によって臨機応変に対応していくということです。海には決して逆らわず、海の変化を読みながら目的地を目指す。時間内に目的地に辿り着けない場合は、目的地そのものを変更する。そんな感覚が必要です。安全を第一に考えるということです。

　最初から目的地を決めない計画だってあります。計画を立てないという計画といいますか、非常に大雑把な計画の立て方です。こんな書き方をするといい加減な感じを受けるでしょうが、実際にはそんな場合があります。適当でいい加減と書くと悪い感じですが、それは適度で加減の良い計画なのです。自動車のハンドルの遊びを考えてもらえば分かりますが、遊びがなくては非常に緊張して運転しなければならないし、遊びが大き過ぎても危ないということです。「遊び」にはそんな意味があります。余裕のある計画といってもいいかもしれません。

　その日の出発地から到着地を計画する場合、その距離によって出発時刻も決まるでしょう。その日の風や潮の具合も考慮します。ひとり旅なのかチームの旅なのかでも状況は変わります。チームの場合、仲間の漕力も考慮しなければなりません。途中で目的地が変更されることもチーム全体で意識する必要があります。

　出発する前から、すでに判断が求められています。様々な状況における判断の基準は、非常に複雑で説明できるようなものじゃないのですが、準備がすべて整った状態だと、人は自然に旅立ちの時を知るものです。気持ちの充実や高揚感、ワクワクとドキドキが入り混じったような感覚になると旅立ちの時が自然に来ます。

　海に対して心から畏敬の念が持てるようになれば、自然に旅立てるようになります。ということは、海への畏敬が持てるまでは、海に出る決断がなかなかできないものです。それは一朝一夕で培われるものではありません。日常的に海に接しながら培われるものです。したがって最初の段階は、おそるおそる海に出ることになります。そういう気持ちで海に出始め、経験を積んでいき、次第に畏敬の念が生まれ、それを自覚するようになると、良い加減や適当さが分かってきます。

　つまり旅の計画は、予定は未定という感覚です。目的地までの海の状況、陸岸の状況、天候の状況、そういった自然の要素すべてが計画に影響を与えます。

カヤック隊の行動

　シーカヤックの旅には、ふたつのパターンがあります。それは、ソロ（単独）の旅とチームによる旅です。チーム、つまりカヤック隊による旅は、ソロの旅とは違う認識が必要です。シーカヤックを始める時、まったくひとりで始める人も中にはいますが、今は誰かに習いながら始めるのが普通になりました。したがって、誰かと一緒に海に出るわけですから、すでにチームによる行動になってます。

　その後は、ソロで練習を重ねていくこともあるでしょうが、ひとりで旅立つには相当な覚悟や勇気が必要になります。もちろん、そうやってひとり旅の世界へ邁進していく人もいます。ただ、多くはチームによるツーリングによって旅の世界へ誘われることが多いと思います。今はシーカヤックツアーという商業ツアーから旅の世界に入っていくのが当たり前になったようです。

　商業ツアーの場合は、ガイドとお客という関係があり、チームという感覚を忘れがちですが、何度もツアーに参加していくうちに、例えツアーのお客という立場であってもチーム員として自覚が出てきます。そうやって何度もツアーに参加していくうちにプロのシーカヤックガイドになる人もいます。

　カヤック隊は、それぞれがシーカヤックの船長であり、船長の集まりです。初心者であっても漕ぎ手はそのシーカヤックの船長でもあるわけです。そのシーカヤックに責任を持つのが船長であり、初めてシーカヤックに乗った場合でも、そのシーカヤックの動きは船長によって決まります。カヤック隊というのは船団や艦隊なのです。船団の一翼を担う船の船長だという自覚が、最初から求められます。初めてシーカヤックを漕ぐ人であっても、その事実に変わりはありません。

　カヤック隊では、隊全体の行動を全艇が常に同じレベルで認知しているのが理想です。もちろん、隊ですからリーダーが生まれます。カヤックリーダーは、先導者であり、水先案内人であり、隊のナビゲーターです。船舶でいうなら航海長です。カヤック隊の隊長と航海長では、基本的には役目が違います。隊長は、統率者や指揮者です。判断の最終責任を持つ立場とでもいいましょうか。

　ソロの場合は自分が船長であり航海長ですが、カヤック隊になるとさらに隊長や隊の航海長がいるということになります。このあたりが複雑です。2艇以上の船団になると、それぞれのシーカヤックがすぐにバラバラになります。うねりをひとつかわすごとに針路の補正が違うからです。いつの間にか数100mも離れることは、当たり前に起こります。なのでカヤック隊という認識が必要なのです。

旅に関する情報

　シーカヤックで旅立つにあたり、天気予報を始めとする様々な情報を集めることは大切なことです。これから旅する海域の海図、地形図などの地図類を揃えます。また、その海域に詳しい地元の人々から情報を得ることも大切でしょうし、同じ海域をシーカヤックで旅した人から情報をもらうことも有効です。

　シーカヤックは、船舶の一種ではありますが、他の船舶とは違う感覚で旅路を考えます。シーカヤックほど沿岸近くを進める舟はありませんので、他の船舶やヨットの航路とは自ずと海の状況が変わります。シーカヤックの旅路を知るのはシーカヤック航海者だけだということです。他の船舶でシーカヤックにもっとも近いのが、沿岸漁業の小さな漁船ですが、今はほとんどがエンジンを付けていますし、旅する船ではないので、そこにはやはり違いがあります。

　シーカヤックが影響を感じ始める潮流などは、繊細な海の動きであり、エンジン船にはほとんど影響がないレベルのものです。風の影響にしても同じです。シーカヤックは、常に自然の動きに敏感に反応します。現代の船舶としてはもっとも脆弱な舟ですが、逆に考えると、とことん自然に近づける舟だということになります。現代の船乗りが忘れがちな、海という畏敬すべき存在に直接的に触れられるのがシーカヤックの魅力なのです。

　したがって、現代の船乗りたちが持っている情報も必要ですし、さらにシーカヤック独自の情報を収集する必要があります。それらの細かい自然の動きの情報は、海図や天気予報という一般的なものからは得られないことも多く、独自の感覚で情報を読み取ることが求められます。

　沿岸の地形にもシーカヤックは大きく影響されます。沖合しか航行できない船舶にとっては危険な風が吹いていても、陸沿いの風裏に隠れて進めることもあります。シーカヤックを知らない人には、無謀なように思えますが、それがシーカヤックの持つ実力です。また、割と穏やかな海であっても、逆潮や逆風に見舞われるとシーカヤックには相当に辛い状況になります。エンジン船ではその辛さがほとんど分からないのです。そんな時はコース取りを少し変えるものですが、その理由がエンジン船に乗っている人には分からないことが多いものです。

　シーカヤックの旅路に必要な情報、それはシーカヤックからの独自の視点によって取捨選択することになります。情報を取捨選択する技術、それもまたシーカヤック航法には求められます。

海図について

　航法に使う用具類も本来は装備論に入れるべきでしょうが、航法論を独立させたので、この章で説明します。航海用具として筆頭にあがるのが海図です。ノーチカル・チャート（Nautical Chart）です。普通はチャートと呼びます。水路図誌の一種で、航海に使えるように作られた地図です。
　海図には、総図、航洋図、航海図、海岸図、航泊図などがあり、シーカヤックに使用するのは、ほとんどが海岸図です。縮尺は5万分の1から30万分の1がありますが、経験上12.5万分の1の縮尺が、シーカヤックには使いやすいと思います。その縮尺だと1海里（1.852km）が約1.5cmです（1km = 0.8mm）。シーカヤックの移動距離は、少し頑張る程度で1日25海里ほどですので、海図上では37.5cmほどのサイズになります。紙のサイズではA3サイズ内に収まり、航海中に見やすい大きさになります。海図を購入したら、カラーコピーして使用するのが、濡れる可能性のあるシーカヤックでは賢明です。A3サイズにすれば、シーカヤック用に市販されている防水チャートケースにも収納しやすいものです。
　海図は海上保安庁が刊行していますが、（財）日本水路協会から発行されているヨット・モーターボート用参考図があります。日本の全海域をカバーしてはいませんが、旅する海域によっては使えるものです。海図や次項のコンパスの読み方、使い方については本書では言及しませんので、専門書で勉強してください。

コンパス（羅針盤）について

　海図とセットで使用するのが、地磁気に反応して方角を示すコンパスです。羅針盤とか方位磁針ともいいます。地磁気はほとんどが鉄である地球の核、固体の内核と液体である外核によって起こる起電力が要因だといわれています。コンパスさえあれば方角は判断できます。もちろん日中であれば太陽の位置が方角を教えますが、コンパスがあればより正確に判断できます。
　シーカヤックのデッキに固定できるコンパスもあります。携帯用コンパスでも充分使えますが、デッキコンパスは漕ぎながら方角が確認できます。また、コンパスが指す北は磁北といい、地図上の北ではありません。その差を偏差といいます。海図には、その偏差の値が示されています。
　GPSという航法用具があります。確かに便利ですが、島影が見えない長距離の海峡横断時などの位置確認以外、それほど必要なものでもありません。

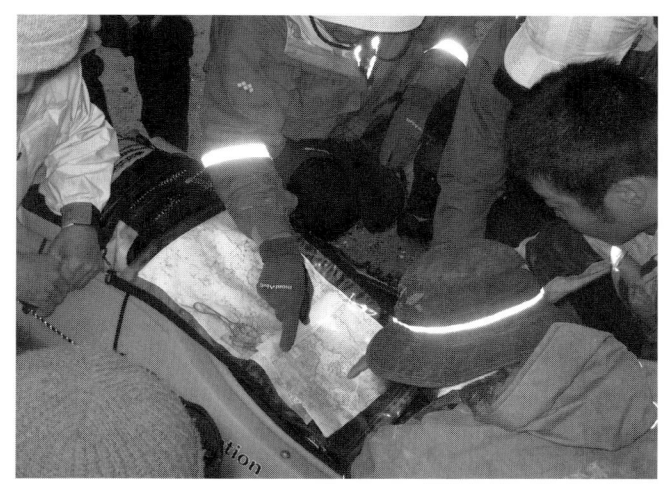

出発前に海図をチェックしている。
海図入れにはコンパスが入っている。
カヤック隊での行動では、
全員がその日の航程を理解しておくことが大切。
そのためには海図をキチンと読めるようになっておきたい。
海図を決して濡らさない工夫も重要。

これはデッキに固定されたコンパス。
取り外しできるデッキコンパスもある。
漕ぎながら方位を確認できるため便利な装備だ。
デッキコンパスは、普通の携帯用コンパスとは違い、
横方向から方位が確認できるようになっている。

地文航法と推測航法

　基本的にシーカヤックの航法にはコンパスと海図を使いますが、それは地文航法と推測航法を組み合わせたものです。地文航法というのは、海から見える地形や陸の目標物を観測しながら位置を確認するもので、推測航法はコンパスで方角を確認しながら、時間と推定速度によって移動距離を推測して位置を割り出す方法です。

　これらはある程度科学的なものですが、シーカヤック航法は、より芸術的な方向へ向かいます。要は古代の航海術を目指しているのかもしれません。今ではGPSのような便利な器具までがありますが、コンパスと海図だけによる航法を勧めるのは、その先に見える世界があるからです。

　なぜシーカヤックで旅をするのかという根源的な問いに向き合う時、もちろん旅から何かを得るからですが、太古のカヤック乗りたちに近づきたいという欲求が出てくるようにもなります。彼らはコンパスも使わず自由に海を移動していたと思われ、そこに忘れられた英知があると思うのです。

　もちろん確実な航法を学ぶことは重要ですが、より原初的な航法ができることを目指すのがシーカヤックの方向性だと思います。忘れられた英知を引き出すことが、海という自然にもっと近づける手段だと思うからです。

風の航法

　シーカヤックにとって、強い風はもっともやっかいな相手です。シーカヤックは風の影響を極力受けない形をしていますが、それでももっとも影響あるのが風です。

　追い風の時は、驚くほどのスピードで移動できます。横風の場合は、風が来る方向へシーカヤックの舳先が向きます。気付かないような微風であってもシーカヤックが陸を向こうとする場合、それは陸風（陸からの風）が吹いているからです。これは陸へ帰れという合図です。岸近くでは陸風に気付かないことがあり、沖に出てしまうと戻れないことがあります。非常に危険です。海風の場合は、逆に上陸が難しくなります。沖より波が強いことが多いものです。断崖の続くところでは重複波というやっかいな波が立ちます。岩礁や消波ブロックも危険な存在です。

　風が吹いてくる方角に進みたい時はジグザグに進みます。帆船のタッキングと同じで、日本語では「間切る」といいます。この航法は明治以前の日本でも使われていました。とはいえ強い向い風には逆らえないので、風待ちをします。

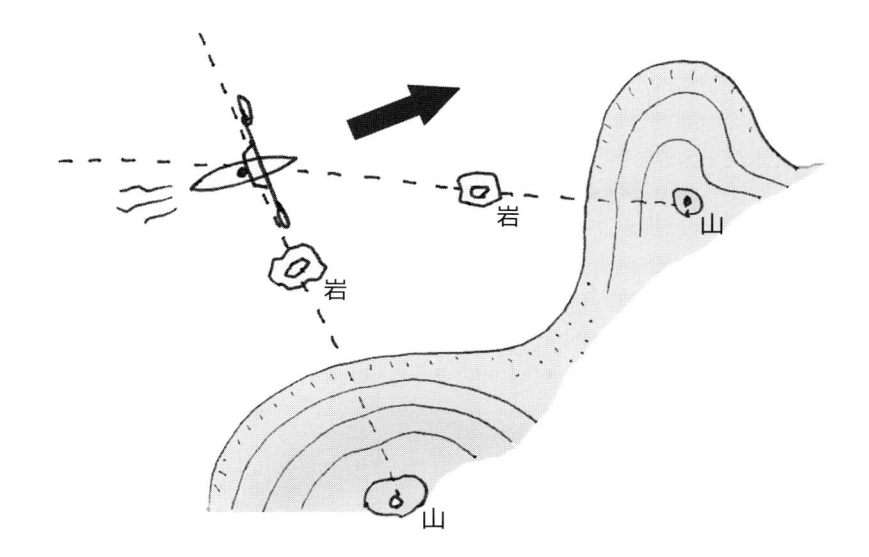

基本的な山立て法

目視による位置出し法は、山などを使うので山立てとか山当てと呼ぶ。
手前の岩と奥の山との関係で自分のいる位置が分かる。移動している速度も岩と山などの重なりの変化で確認できる。2点の山の方角を計れば、より正確な位置が分かる。

ジョン・ダウドによる風の中でのシーカヤック速度の目安

	風速〔ノット（m/s）〕	シーカヤックの速度〔ノット〕
向かい風	20〜30（10.29〜15.43）	1.50〜1.25
	15〜20（ 7.72〜10.29）	2.25〜1.50
	10〜15（ 5.14〜 7.72）	2.50〜2.25
	5〜10（ 2.57〜 5.14）	2.75〜2.50
	0〜 5（ 0〜 2.57）	3.00〜2.75
追い風	0〜 5（ 0〜 2.57）	3.00〜3.25
	5〜10（ 2.57〜 5.14）	3.25〜3.50
	10〜20（ 5.14〜10.29）	3.50〜4.00　サーフィン状態
	20〜30（10.29〜15.43）	4.00〜5.00　サーフィン状態

10時間のパドリングで1時間ごとに5分の休憩、30分の昼食時間も入れた推測値

第4章　シーカヤック航法論

流れの航法

　日本列島は黒潮（日本海流）という巨大な海流に大きな影響を受けている島々です。日本海を流れる対馬海流も九州西方沖で一旦淀んだ黒潮系の水塊が、再び流れとなるようです。以前は黒潮から直接分かれるものだ思われていましたが、一旦淀むような感じだということがわかってきました。黒潮に比べ対馬海流の観測は少なく流路もはっきり分かっていません。

　シーカヤックで黒潮の影響を感じるのは、地域性があります。本流に近いところでは、時には10ノットもの強烈な流れになることもあります。黒潮は冬季より夏季の方が少し流れが速いようです。

　シーカヤックに影響する海の流れのほとんどは潮流ですが、潮流の速さも地域によってかなり違います。影響が強いのは瀬戸内海や九州西岸です。基本的に潮流は上げ潮流と下げ潮流が1日に2回ずつ起こります。時間によって流れの方向が変わるわけです。潮流が強いところでは、シーカヤックは流れに太刀打ちできません。なので潮待ちをします。風待ちと同じです。

海岸地形と航法

　海岸地形も航法に影響を与えます。シーカヤックほど海岸近くを進める舟はないので、海岸の地形を利用して風を避けたり、地形によって生まれる反流や淀みを使います。海岸地形を考えると、岩場の磯、断崖絶壁、砂や砂利の浜、コンクリート護岸、消波ブロックなどがあります。また、岬があれば入江があり、直線的な海岸もあります。それぞれの地形に対応しなければなりません。潮の流れ、風の流れがそれらの地形とどう関わるかを観察しながら進んで行きます。当然波も海岸地形と海底の地形によって変化します。

　特に気にすべきは、ほとんど直線の海岸なのに奥の方に岬が見えてしまう場合です。岬を狙って進むと沖に出ているのですが、それに気付かないのです。シーカヤックの沿岸航法の鉄則は「岬が見えたら必ずその内側を狙って進む」です。

　入江の奥が谷間になっている場合があります。入江の中に入ると距離があるので、まっすぐ進もうとしますが、谷間から出し風が吹くことが多々あり、そうなると沖に流されてしまいます。海岸地形だけではなく、さらに内陸側の地形にも常に気を配る必要があります。

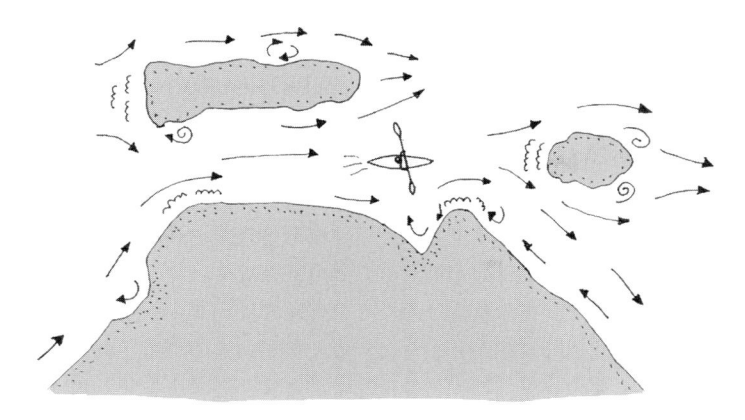

海岸地形と流れ

海の流れでシーカヤックが直接影響されるのは、ほとんどが潮流によるもの。海岸線や海底の地形によって、流れは非常に複雑で繊細だ。わずか数m離れるだけで流れが逆転していることもある。海底が急激に浅くなっている場合は、海面の動きで理解できる。潮流は時間によって速度が変化し、さらには転流するので、タイミングも関わってくる。

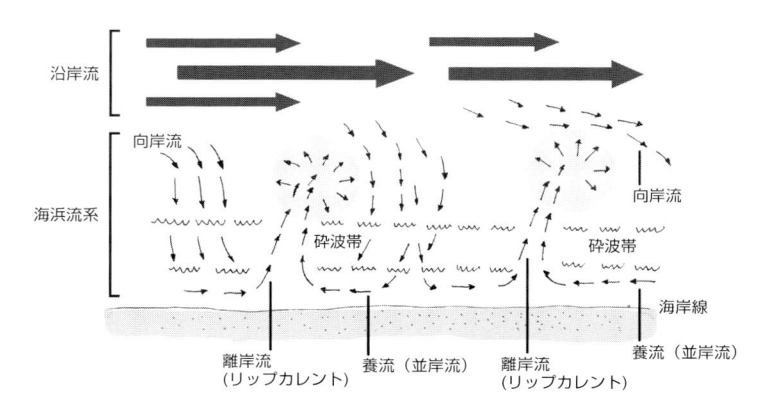

海浜流系

海浜近くは波が砕ける砕破帯であるが、そこには流れも生じている。海浜流には岸に向かう向岸流、海浜に沿って流れる並岸流、そして沖に向かう離岸流がある。特に海水浴で事故につながるのが離岸流。リップカレントとも呼ばれる。シーカヤックの場合、この流れを利用して沖に出ることもあるが、泳いでいてこの流れに乗ってしまうと、直接岸には戻れず水難事故になることがある。横に移動すれば戻れるのだが。こういう海浜流の模式図も覚えておくべきだろう。

第4章 シーカヤック航法論

夜間航法

　基本的に日没後の航海は止めた方がいいので、深くは言及しません。日本の夜は世界の中でも明るい地域のひとつで、とてつもない電力を消費しています。都会近くの海では、空が明るいことが多々あります。月の光でも海はかなり明るいものです。夜の穏やかな海はロマンチックでもあります。夜光虫がシーカヤックやパドルに触れ、幻想的な世界が拡がることもあります。

　とはいっても、やはり夜の航海はかなりの危険を伴います。暗くなってから上陸しようにも、上陸地の状態が分からないことが多いものです。例え知っている海岸であっても、海の状況は刻々と変化しています。波の音を頼りに上陸せざるを得ないこともあります。つまりはリスクが高いのです。

　ヘッドランプで地形を確認することはありますが、暗闇に目を慣れさせることが大事だと思います。ライトは明る過ぎると感じるほどです。その場合、ケミカルライトと呼ばれる化学反応で発光させるライトが使えます。コンパスの確認などには、夜釣り用として売っている小型のケミカルライトでも充分でしょう。また、自艇の存在を他の船舶に知らせるためのストロボライトも点滅させます。

　また、夜間航海というより、夜の散歩程度に漕ぐこともあるでしょう。そんなシーカヤックツアーも行われています。特に春から夏にかけて、夜光虫が発生している海域を漕ぐことが多いようです。夜光虫が輝く世界を体験できるので、人気があるようです。

　夜光虫とは、ノクチルカ・シンチランスという発光プランクトンで、渦鞭毛藻類に分類されます。夜は幻想的な世界を見せますが、昼間の夜光虫は赤潮です。トマトジュースを海面に流したかのようにも見えます。ただ、赤潮といっても毒性はないようで、漁業被害も聞きません。1000年以上前の文献にも、赤潮の記録は残っており、昔から発生していたようです。なので、漁業被害をもたらす赤潮とは区別すべきだという意見もあります。

　夜のパドリング中に他の船舶が見えたら、ライト（舷灯）の色で針路が分かります。船舶は右舷側に緑色灯、左舷側に赤色灯が点灯されています。緑色灯しか見えない場合は、その船は右へ進んでいます。赤色灯だとその逆で左へと進んでいます。そしてマストの先端の白色灯も見えるはずです。緑色灯が左に、赤色灯が右に見え、白色灯が真ん中に見える場合は、こちらに向かって来ています。すぐに回避しなければなりません。

夜明け前から漕ぎ始め、ようやく朝日が昇ってきた。
お天道さまのありがたさが分かる瞬間。

Photo by 井出建志

日本列島には亜寒帯から亜熱帯までの海がある。
写真は知床半島の東岸にあるペキンの鼻からの景色。
この先には千島列島がつらなる。
ある意味、もっともカヤック文化に近い地。

第5章

シーカヤック領域論

北海道沿岸区

　本書は、日本の海を想定してシーカヤック論を展開しています。したがって日本の領海、つまり海の領域内でのシーカヤックを考えていますので、この章は領域論としました。日本列島を囲む海は多様で、亜熱帯から亜寒帯までの海がすべて体験できる貴重なところです。日本での海の体験は、そのまま世界の海につながります。なので日本の海だけを想定していますが、世界でも通用するでしょう。

　日本の海の分け方には色々とあります。海としては、オホーツク海、日本海、北太平洋、フィリピン海、東シナ海、瀬戸内海に分けられますが、海上保安庁が刊行している水路誌による区分けがシーカヤックにも適用できます。北海道沿岸、本州南・東岸、本州北西岸、瀬戸内海、九州沿岸（南西諸島も含む）です。

　まずは北海道沿岸区です。オホーツク海と北太平洋、日本海が含まれる海域です。北海道庁はシーカヤックにとって特別な自治体です。道庁は漁港を管理していますが、北海道漁港管理条例によってシーカヤックの漁港使用禁止が明文化されているからです。このような条例は他の都府県にはありません。北海道では漁港以外の場所からシーカヤックは出入りしなければなりません。しかし、わざわざ漁港で出入りをする必要もありません。もちろん緊急時の入港は例外です。

　冬の北海道でシーカヤックの旅を楽しむ人は、ほとんどいません。夏でも水温が低いので過酷な条件ですが、シーカヤック本来のフィールドである極北の条件に近いので、シーカヤックの本場ともいえます。

　北海道で人気があるのは知床半島ですが、知床は世界自然遺産であり国立公園でもあります。環境省の釧路自然環境事務所は「知床半島先端部地区利用の心得」として沿岸カヤッキングの利用を明文化して認めています。夏でも気温が低いため、原則禁止のたき火に関しては、海岸線付近での流木の利用にとどめ、最小限の規模で、植生の上を避け、痕跡を残さないよう提言をしており、例外だと認めています。この心得には学ぶところが多いので、参考にしてください。

　北海道は北方狩猟民が暮らしていたところです。カヤック文化圏最南の地かもしれません。アイヌ文化は南の擦文文化と北のオホーツク文化が融合したといわれます。それ以前にはエゾと呼ばれた人々がいました。唐子エゾ、日の本エゾ、渡党と呼ばれ、中国では骨嵬（クキ）と呼ばれました。カヤック民族に近い人々がいたと思われます。千島アイヌ（クリル人）が皮革舟を使用していた事実もあり、アリュート人が千島列島にいた時代もあります。北海道沿岸区とは、そんなところです。

北海道沿岸区 &
海岸沿いの国立・国定公園

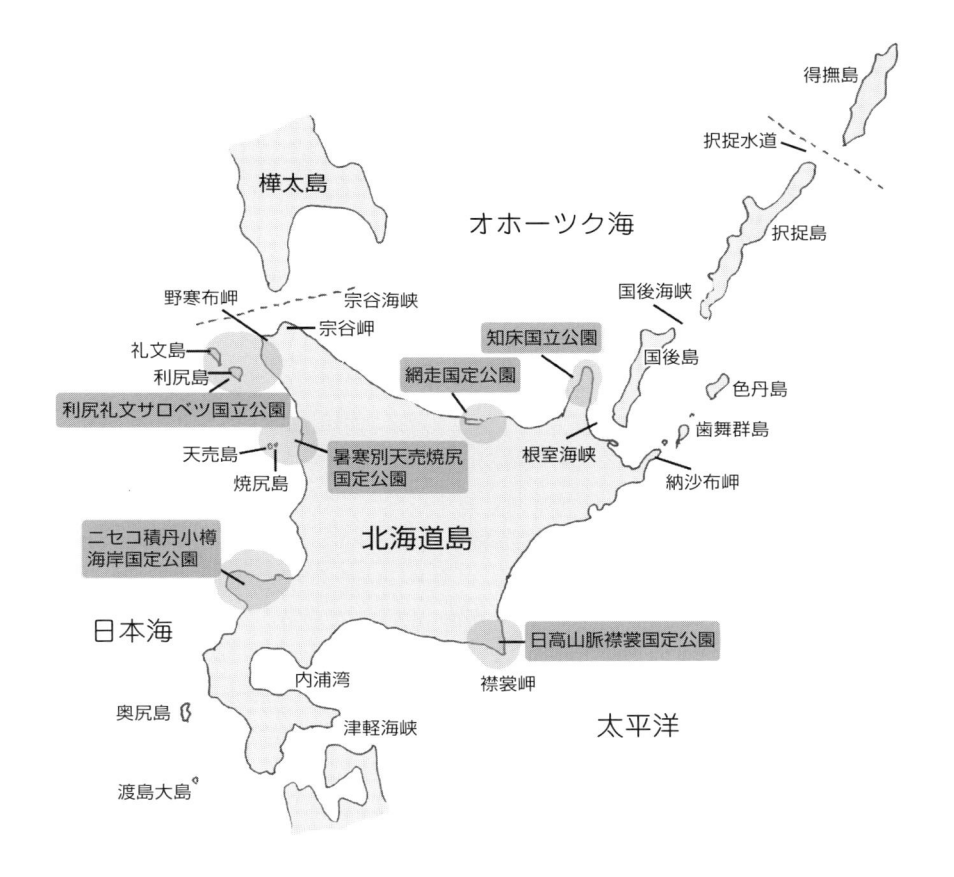

得撫島
択捉水道
択捉島
樺太島
オホーツク海
野寒布岬
宗谷海峡
宗谷岬
国後海峡
礼文島
知床国立公園
国後島
利尻島
網走国定公園
色丹島
利尻礼文サロベツ国立公園
歯舞群島
天売島
暑寒別天売焼尻
国定公園
根室海峡
焼尻島
納沙布岬
北海道島
ニセコ積丹小樽
海岸国定公園
日本海
日高山脈襟裳国定公園
襟裳岬
内浦湾
奥尻島
太平洋
津軽海峡
渡島大島

第5章　シーカヤック領域論　　131

本州南・東岸区

　本州南・東岸区は、本州の東岸と南岸、四国南岸、伊豆諸島や小笠原諸島などの南方諸島（東京諸島）を含みます。この沿岸区、特に南岸は日本でもっともシーカヤックが盛んなところです。南・東岸区の海岸線の長さは 7000 km を超えます。東岸の北端は、下北半島の尻屋埼あたりまでで、陸奥湾は北西岸区になります。東岸の南は房総半島までです。東岸の中央である三陸（陸奥、陸中、陸前）でもかなりシーカヤックが盛んになってきました。特に宮古湾あたりの陸中に集中しています。陸中は、北に行くと隆起海岸が続き、南はリアス式海岸が続くという狭間にあります。地形の変化が楽しめるわけです。仙台あたりでも盛んになりつつあります。東岸は北から流れてくる親潮によって水温が低く、北海道東岸と同じような環境があります。そういう意味では本場的なシーカヤックのフィールドです。

　東岸南端の房総半島や南岸北端になる三浦半島や伊豆半島では、特にシーカヤックが盛んです。もちろん東京という人口密集地から近いということもあり、シーカヤック産業が成立しやすい環境だからです。口コミによる情報が伝わりやすいところです。特に三浦半島西岸は、日本でもっともシーカヤックが盛んなところでしょう。相模湾沿いには、数kmおきにシーカヤックショップがあり、シーカヤックガイドがいます。一年を通して、週末には必ずシーカヤックを見かけるほどです。時には数百艇のシーカヤックが海に浮かんでいることもあります。

　本州南岸は、冬でも温暖で大陸からの季節風の影響が少ないため、海が穏やかなのも特徴です。ほとんどがフィリピン海に面しており、黒潮が近いため海も暖かいのが特徴です。三河湾内、伊勢志摩、紀伊半島にもシーカヤックショップが点在しています。このあたりも、申し分のないシーカヤックフィールドです。

　四国南岸もフィリピン海に面していますが、シーカヤックショップの数はまだまだ少ないようです。海岸線が単調なのがその要因かもしれません。

　南方諸島の中でも伊豆諸島は、今のところそれほどシーカヤックが盛んではありません。黒潮の本流が近いこともあり、リスクが高いと思われるからでしょうか。

　ところが、さらに南の小笠原諸島では、シーカヤックが日本に上陸した当初からシーカヤックを使ったガイドツアーが始まっていました。今ではすっかり根付いた感があります。シーカヤックに続き、小笠原の伝統カヌーであるアウトリガーカヌーも復活しつつあります。シーカヤックガイドが中心になって、そんな文化復興が始まっています。魅力的なフィールドなのは間違いありません。

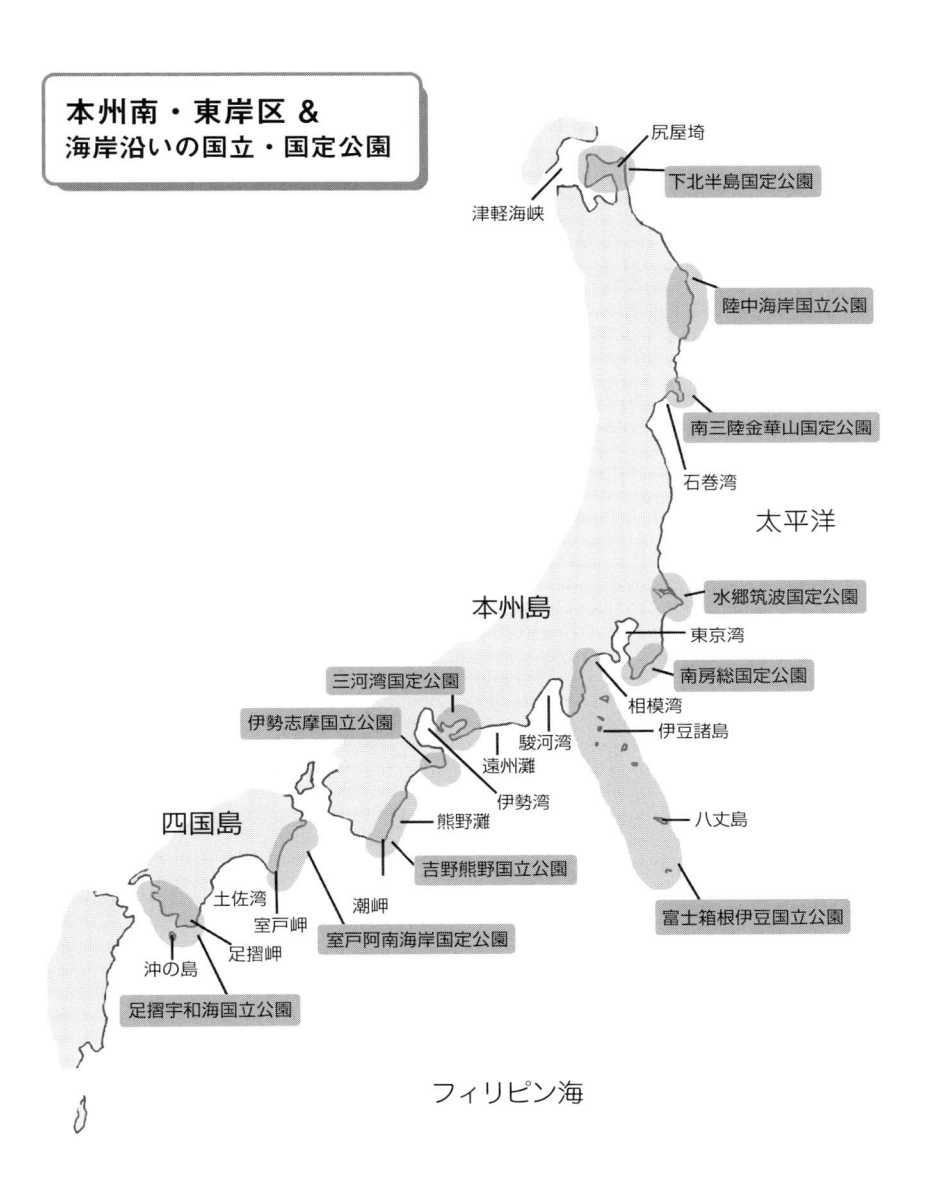

本州南・東岸区 & 海岸沿いの国立・国定公園

- 尻屋埼
- 下北半島国定公園
- 津軽海峡
- 陸中海岸国立公園
- 南三陸金華山国定公園
- 石巻湾
- 太平洋
- 水郷筑波国定公園
- 東京湾
- 本州島
- 南房総国定公園
- 三河湾国定公園
- 相模湾
- 伊勢志摩国立公園
- 伊豆諸島
- 駿河湾
- 遠州灘
- 伊勢湾
- 熊野灘
- 八丈島
- 吉野熊野国立公園
- 四国島
- 土佐湾
- 室戸岬
- 潮岬
- 足摺岬
- 室戸阿南海岸国定公園
- 富士箱根伊豆国立公園
- 沖の島
- 足摺宇和海国立公園
- フィリピン海
- 小笠原国立公園
- 小笠原諸島

第5章　シーカヤック領域論

本州北西岸区

　本州の日本海側がこの沿岸区に入ります。北には陸奥湾があります。下北半島、津軽半島、男鹿半島などの景勝地もあります。ただ冬は豪雪地帯で、厳しい世界です。中世にこのあたりを支配していた安藤氏は、エゾとの関わりが強く、エゾの一集団である渡党とのつながりが強いといわれます。古代の海民が活躍した区域であることは間違いないでしょう。

　秋田には離れ島の飛島、新潟には粟島があります。海峡横断を試みる人が結構います。佐渡島にはシーカヤックショップがありますが、まだまだシーカヤックの姿を見かけることは少ない海域です。

　能登半島や若狭湾に行くと、シーカヤックに魅力的なフィールドが拡がります。西へ続く山陰の海岸線も素晴らしいものです。全体的に人口が少ないため、シーカヤック人口も少ないのですが、丹後半島や島根半島といった景勝地があります。

　北西岸区の西端に位置する山口県長門市には、公共のシーカヤック施設があります。2004年～06年の3回に渡り、プロのシーカヤックガイドたちが集まってシーカヤックの勉強会（シーカヤックアカデミー）を開催しました。それによって地元ではシーカヤックの認知度が上がりました。インストラクターも常駐し、市役所には本格的にシーカヤックを楽しむクラブもあります。

　島根半島の沖合には隠岐諸島があります。シーカヤックで訪れる人はまだ少ないのですが、まさにシーカヤックの旅に相応しいフィールドです。隠岐諸島は島前と島後に分けられ、島前は知夫里島、中ノ島、西ノ島が主な島です。島後と合わせた主島4島に180もの小島が付属しています。

　北西岸区は、かつては北前船の主要航路でしたが、日本が工業化していく流れの中で置き去りにされたような感があります。しかし、海洋文化は根強く残っており、シーカヤックの旅によって本来の日本の姿が見えてくるところだと感じます。

　島根半島にある美保神社などは、漁業の神さまであるエビスさまの総本社ですが、古代海民の息吹が今も感じられるところです。出雲方言などは東北方言と類似性があり、古代日本語のニュアンスをいまだ残しているといわれます。エゾと同じ漢字（蝦夷）を当てるエミシという古代人の呼称があり、その別称がエビスともいわれますが、何せ古代のことでその関係はよく分かっていません。古代より古い時代の海民の動き、それこそ縄文時代から綿々と続いてきたと思われる文化的な流れを残す、そんな地域が多いような気がします。

本州北西岸区 &
海岸沿いの国立・国定公園

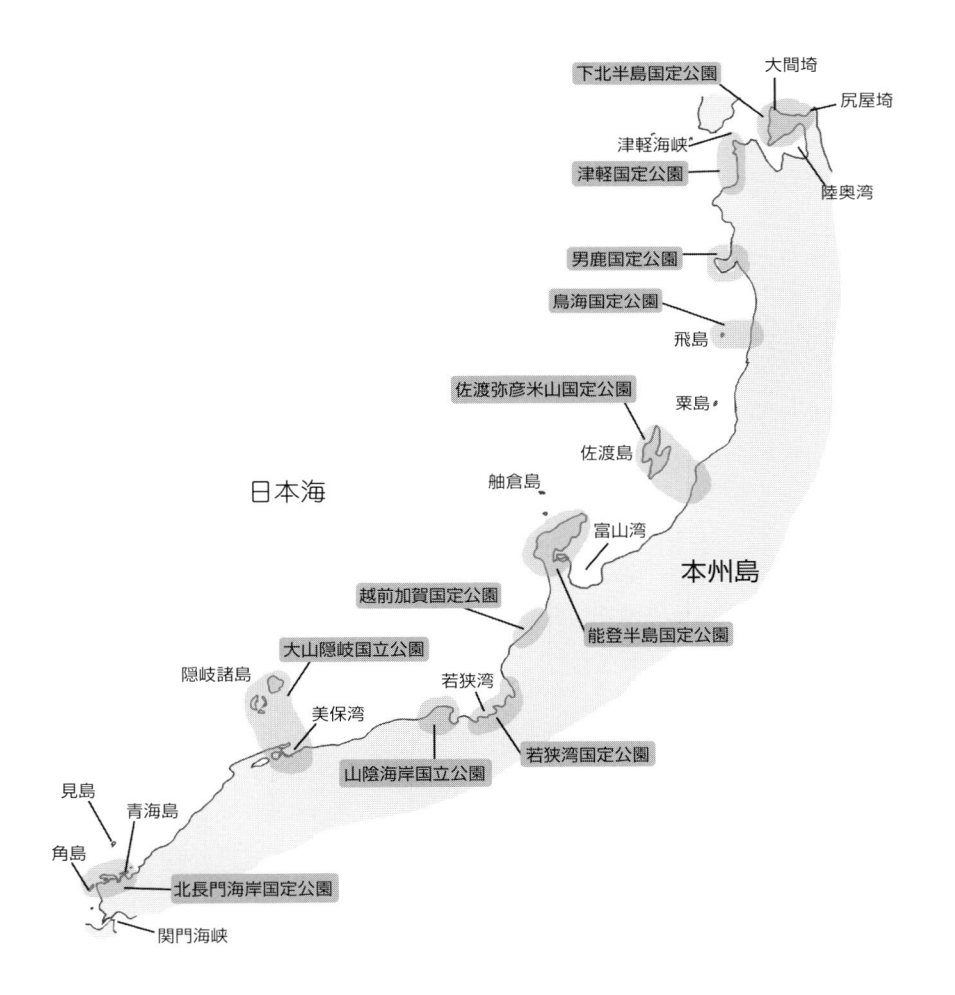

瀬戸内海沿岸区

　シーカヤックによって日本の海を旅すると、太古の日本列島で生まれた海洋文化が連綿と続いていることを、どうしても認識してしまいます。漁撈に始まり交易となり、海の覇権争いになったり、海への信仰につながっていくことで、海洋文化は確立しますが、日本列島には底知れないほど深い海の文化が残っています。それは世界でもほとんど類を見ないものです。

　瀬戸内海には、紀伊水道、豊後水道、関門海峡も含まれます。水路誌によると大小約3000もの島々が散在すると書かれていますが、岩礁なども含んだ数字でしょう。普通は周囲100m以上の島が727島と数えられます。本土側の人口は多いのですが、離れ島の人口はどんどん減少し、無人島が増えています。

　東西240海里（約450km）ほどの海域ですが、そこにそれだけの島があるのですから、とてつもない多島海です。しかも平均水深は30m強と非常に浅い海です。瀬戸内海という名称は明治初期に生まれたもので、The Inland Seaという英語からの翻訳でした。最終氷河期には平原でしたので、海としての歴史は1万数千年ほどしかありません。非常に珍しい海です。

　瀬戸内海主要部のほぼ全域が国立公園ですので、シーカヤックの旅のフィールドとしては世界に誇れるものだと思います。景観美もそうですが、何といっても日本固有の海洋文化が手に取るように見られるからです。毎年この瀬戸内海を横断するカヤック隊がいますが、穏やかであれば1週間で東西の横断ができます。

　1年を通して穏やかなことが多いのですが、季節風の影響で冬季には時化ることが多いようです。しかし、島が多いため風を除けることもできるので、年間を通してシーカヤックの旅が楽しめます。

　瀬戸内海は潮流が激しいところです。そのため潮流に関する知識が試されます。シーカヤックでは太刀打ちできない流れも多く見られます。中央部の笠岡諸島付近には分水嶺のようなものがあり、そこから潮流の上げ下げが逆転します。そのため、かつては潮待ち港がそのあたりで発展していました。

　シーカヤックで瀬戸内海を旅することは、動力船が登場する前の数千年という歴史や文化を体験することです。手漕ぎの文化が消えてしまったのは、ここ数十年のことですから、シーカヤックをきっかけにした手漕ぎ文化の復興が可能だと思われます。日本の歴史を海からの視点で見直すということです。シーカヤックの社会的な役割は、瀬戸内海でも充分に発揮できると考えます。

瀬戸内海沿岸区 & 海岸沿いの国立・国定公園

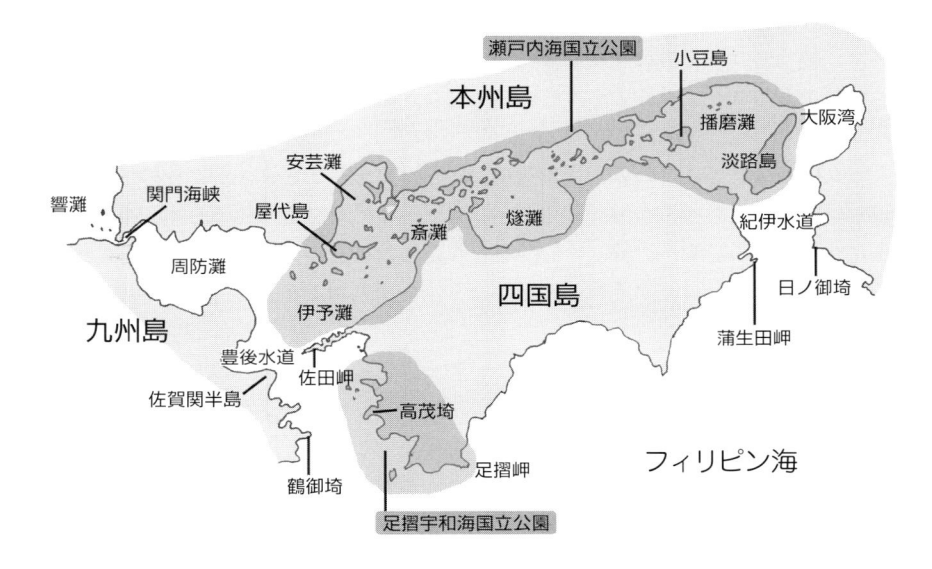

瀬戸内海国立公園
本州島
小豆島
播磨灘
大阪湾
淡路島
響灘
関門海峡
安芸灘
屋代島
斎灘
燧灘
紀伊水道
周防灘
伊予灘
四国島
日ノ御埼
九州島
蒲生田岬
豊後水道
佐田岬
佐賀関半島
高茂埼
フィリピン海
鶴御埼
足摺岬
足摺宇和海国立公園

九州沿岸区

　九州沿岸区は、瀬戸内海に面した大分、福岡の東部以外の九州全域の海と、対馬や南西諸島の沿岸を含みます。南西諸島は、鹿児島県と沖縄県に跨がりますが、薩南諸島と沖縄諸島に分けることもあります。屋久島の南にある吐噶喇列島付近で黒潮の本流が横切るため、海の難所になっていますが、九州と沖縄間の航路は、縄文時代の前期にすでにあったと考えられています。すでに5000年以上の歴史があることになります。それは土器などの考古学的な遺物によって確認されています。

　南九州では世界最古のカヌー建造用の石斧が出土していますが、その例が示すようにとてつもなく古い海洋文化が存在していました。もちろん日本列島全体にそれはいえるのですが、特に中心的な存在だったように感じます。

　日本でシーカヤックが最初に盛んになったのは九州です。特に長崎県佐世保市の沖にある九十九島がフィールドとして認知されました。西海と呼ばれる海です。個人的にシーカヤックを楽しむ人が多く、行政もそれを応援する風土があります。長崎県、熊本県の島嶼部には、本格的にシーカヤックを楽しむ人が大勢います。有明海と鹿児島の錦江湾には日本を代表するシーカヤックメーカーもあります。ある意味、日本のシーカヤックの中心地が九州西岸です。安全に関しても九州カヌーガイド安全推進協議会という任意団体があります。また対馬でもシーカヤックが盛んになりつつあります。対馬も非常に魅惑的なフィールドです。

　沖縄諸島でもシーカヤックは盛んです。特にガイドツアーが人気で、もはや地場産業といえます。慶良間列島の座間味村などは村をあげてシーカヤックを応援しており、ローカルルールまで策定しています。村議にもプロガイドがいるほどです。

　沖縄県のシーカヤックも特別です。水上安全条例と呼ばれるものがあるからです。ガイドを職業にする人は、公安委員会に届ける必要があります。その上でマル優と呼ばれる「安全対策優良海域レジャー提供業者」なる指定を受けられるようになっています。そのため沖縄県カヤックガイド協会という民間団体があります。

　シーカヤックの普及ということを考えますと、シーカヤックガイドやインストラクターが職業として成立する環境が必要です。その点、本州南岸と瀬戸内海、九州沿岸区には、すでに環境があるということです。その分普及が早いわけです。文化的な要因、人口の多さ、フィールドの魅力、そんなものが折り重なった結果なのでしょう。しかし、シーカヤックがより深く理解されていけば、日本中でシーカヤックが盛んになっていくことでしょう。

九州沿岸区 &
海岸沿いの国立・国定公園

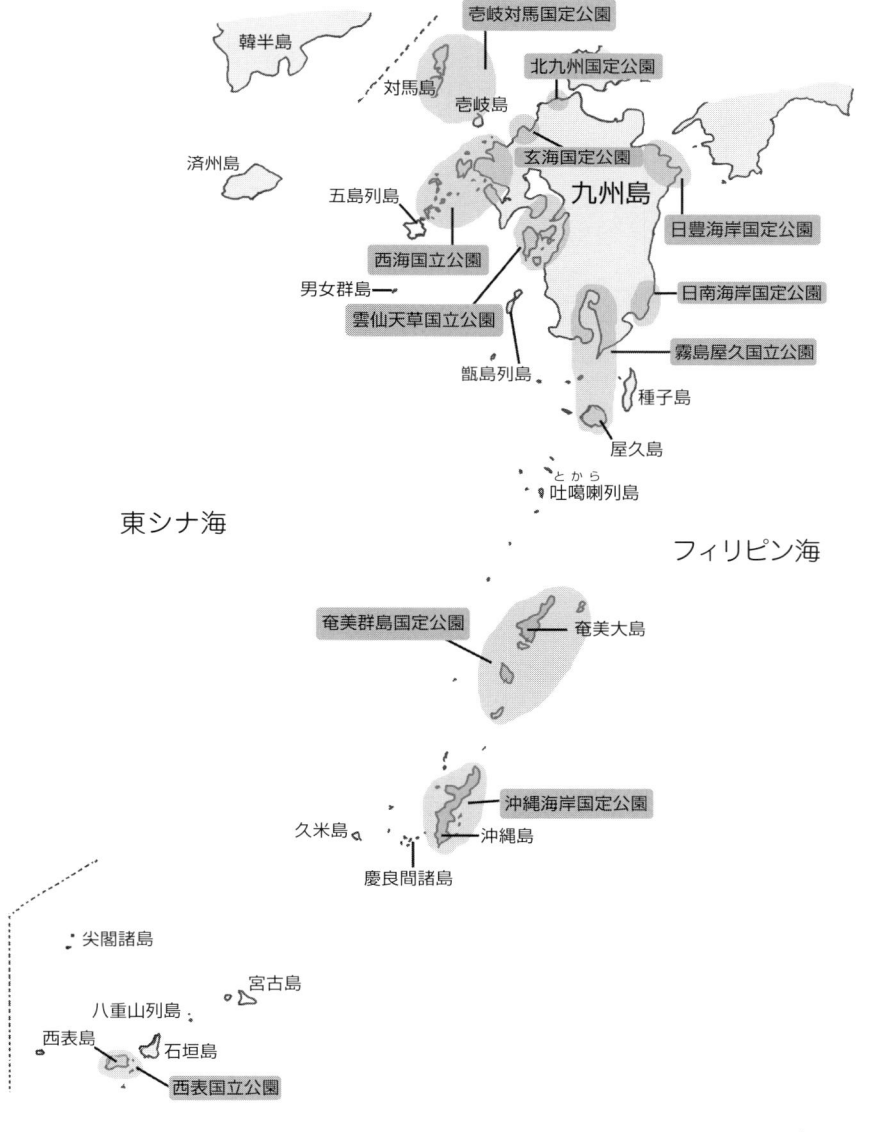

- 韓半島
- 対馬島
- 壱岐対馬国定公園
- 壱岐島
- 北九州国定公園
- 済州島
- 玄海国定公園
- 九州島
- 五島列島
- 日豊海岸国定公園
- 西海国立公園
- 男女群島
- 日南海岸国定公園
- 雲仙天草国立公園
- 甑島列島
- 霧島屋久国立公園
- 種子島
- 屋久島
- 吐噶喇列島
- 東シナ海
- フィリピン海
- 奄美群島国定公園
- 奄美大島
- 沖縄海岸国定公園
- 久米島
- 沖縄島
- 慶良間諸島
- 尖閣諸島
- 宮古島
- 八重山列島
- 西表島
- 石垣島
- 西表国立公園

第5章 シーカヤック領域論

突然、強風が吹き始めたので、風裏の浜に緊急上陸した。
朝は穏やかだったのに。初冬の季節風にはかなわない。
結局、その日は海岸で野営した。

第6章

シーカヤック天気論

シーカヤックと天気

　シーカヤックの旅をもっとも左右するのは、天気（weather）です。ここでいう天気は、気象だけでなく海の自然現象である海象も含み、その海域の天気を意味します。さらには天の気を感じることも意味します。科学的な天気予報を活用するのは重要なことですが、シーカヤックの旅はもっと局地的なので、判断材料の一部でしかありません。それよりも目前の海を見ながら今後の動きを判断する方が、実際は多いのです。人は本来、もっと自然の色や声を聞いていました。シーカヤックの旅は、自然の小さな変化に耳を澄ます手段でもあるのです。

　例えば、低気圧が近づいていることの判断に「風を背に、北では左、そこが中心」と覚えておきます。風を背にすると、北半球では左斜め前方に低気圧の中心があるということです。北半球では、低気圧が近づくと低層の風は反時計回りで、高層ではほぼ西風だからです。南半球ではその逆です。つまり、その場所での風向きでこれからの天気の動きが、おおよそ予測できるわけです。

　シーカヤックに関する天気でもっとも気にすべきなのが、風の強さと風向きです。風は大気圧の高低差で起こる水平方向の空気の流れですが、人は気圧の変化を身体で感じているはずです。その日はどうも海に出たくないとか、気分が乗らないといった感覚がそうかもしれません。人も動物のように天気の動きをどこかで感じている気がします。かなり難しいことですが、自分に素直になり、少しでも不安な気持ちが出たら、それを判断材料にするということです。不安になったら止める、です。

　生気象学という学問があります。Biometeorology という単語の翻訳ですが、生物と天気の関係を研究するものです。生態学の一種とされますが、人と天気の関係性も研究しているようです。気圧の変化が風を生みますが、人の身体や心も気圧の変化をどこかで感じ、それが天気の動きを予感する。自分の微妙な気分の変化によって天気を判断するということです。太古の昔から、船乗りは経験則によって天気の動きを感じていたと考えられます。もちろん気分の変化だけに頼る判断は危うく、危険性が高いのでしょうが、科学的な天気予報も完全じゃないことを考えると、天の気を感じようとする心根は、相当に重要だと思えてきます。

　古代の日本では、風は神さまだと考えられていました。中には風を妖怪のようなものだと考えていた地方もあるそうです。風邪という病名も風から生まれた言葉です。海と同様、風もまた畏敬すべき存在で、そういう考え方がシーカヤックの旅ではかなり大事なことなのです。

煙突の煙が示すように、追い風の中を進んでいる。
おまけに潮流も押しているため相当な高速移動をしている。
こういう日の航程は、驚くほど距離が伸びる。
もちろん逆の場合もあるのだが。

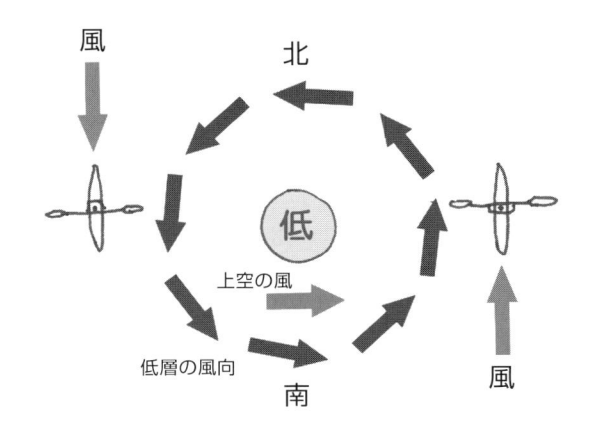

風で知る低気圧の位置

風を背に受けている場合、左手方向に低気圧がある。
北に向いていたら低気圧が近づいている。南に向いていたらもうすぐ天候が
回復する、と覚えておく。

第6章　シーカヤック天気論

風に関して

　基本的に海沿いでは、昼は海風、夜は陸風が吹きます。それを海陸風といいます。風向きは、吹いてくる方向をいいますので、海風は海からの風、陸風は陸から吹く風です。北風というと北からの風になります。風は大気圧の差で起こりますが、気圧差ができる原因のひとつに温度差があり、それが海陸風を生みます。

　昼は陸地側が暖まりやすいので、地表の気温が上がり密度が低下し気圧が下がります。すると周りに押されて上昇気流が起こります。上空に移動した空気は、冷却され密度が高くなり気圧が上がって海側へ風が吹きます。海側に移動した空気は、密度が高いため下降気流になって海面近くに降ります。すると海面では気圧が上がり、気圧の低い陸へ吹く風になります。つまり海面近くでは海風になります。夜はその空気循環が逆になり、上空では海風、海上では陸風になります。朝夕に風が止まるのは温度差がなくなるからです。それが凪で、朝凪と夕凪になります。

　海陸風の大規模なものが季節風（モンスーン）と呼ばれるもので、日本列島はアジア大陸と太平洋との温度差で、季節風にさらされます。夏は太平洋からの南東風、冬は大陸からの北西風というのが日本列島の季節風です。上空では偏西風という西からの卓越風が吹いています。南北の回帰線より低緯度では貿易風が卓越します。

　海陸風は局地風ですが、「おろし（颪）」と呼ばれる山から吹きおろす局地風もあります。赤木おろしや六甲おろしが有名です。フェーン（風炎）と呼ばれるおろしは、乾いた熱風です。「ボラ（Bora）」というおろしは、低温で乾いた風です。

　海へ吹き出す「出し」という風もあります。主に日本海側の言葉で、船を出す風の意ですが沖に流される風でもあります。「山背（やませ）」も山を越してくる風です。東北や北海道東岸の山背は初夏に山側へ吹く東風で、冷害をもたらします。

　また、上昇気流など縦方向の風によって生まれるのが雲です。風向きと雲の様子を観察することも、天気の動きを教えます。特に巻積雲、高積雲、層積雲に見られるレンズ雲は、強風の前兆なので注意すべき雲です。もちろん強風の典型といえば台風です。日本列島が台風の通り道だということは言わずもがなです。

　大気圧の標準気圧である1気圧は、1013.25ヘクトパスカルです。ヘクトとは100倍の意味で、ヘクトパスカルはパスカルの100倍です。パスカルは圧力の単位です。標準値を決めた国際会議が行なわれたのがフランスのパリで、パリの緯度における平均海面の平均気圧が標準気圧です。天気図などに使われる気圧は、平均海面の気圧であり、それを海面更正といいます。

見事なレンズ雲が空に浮かんでいた。
強風が吹いてくる前兆として気が抜けない。
風が強くなってきたらすぐに上陸できるよう
コース取りを慎重にするのも鉄則。
周りの自然現象を常に読み取りながら旅は続く。

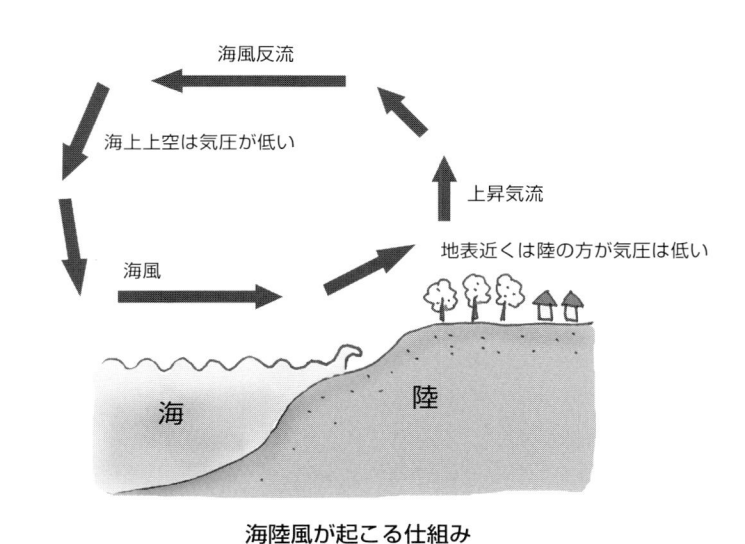

海陸風が起こる仕組み

昼は陸が温まり、海風の循環が起こる。夜は逆転して陸風の循環になる。

波に関して

　天気の変化によって起こる海の動きといえば波です。波には、まずうねり（ocean swells）と呼ばれるものがあります。風によって起こる波ですが、遠く離れたところで起きた嵐、台風や低気圧による暴風や烈風で波が起こり、それがうねりとなって押し寄せます。つまり無風なのに波がある状態です。丸みのある波で、波長が長く、うねりの伝わる速さは50km/h以上になることもあります。

　夏の土用の頃（立秋前の18日間）に起こる土用波は、台風によるうねりが起こす大波のことで、台風の接近を教えます。水深があるところのうねりは、シーカヤックが上下するだけですが、浅いところにくると急激に高くなったり、暗礁の上ではブーマー（boomers）という破裂する波になり、ビーチでは砕け波になります。

　うねりに対し、風浪（wind wave）と呼ばれる波があります。風浪は、その海域で吹いている風によって起こる波のことです。波が不規則で頂点は尖り、強い風になると白波になります。白波は「兎が飛ぶ」といった表現をします。風浪が風の外に伝わると、うねりになっていきます。

　うねりと風浪、それに磯波（surf）も、うねりや風浪によって起こるので、それらを合わせて波浪（ocean wave）と呼びます。天気予報の波浪注意報の波浪です。波浪は風速と、風の吹送距離（fetch）といって風が吹いている海域の長さと、連吹時間（duration）という風が吹き続けた時間によって大きさが変わります。

　シーカヤックに特に関係するのが磯波です。磯波は、砕け波（breaker）の一種で、磯波が立つところを砕破帯（surf zone）といいます。砕け波には、波の峰が崩れる崩れ波（spilling breaker）と波が巻いてくる巻き波（plunging breaker）があります。大巻き波はダンパーです。崩れ波の方が砕破帯が広くなります。

　また、潮の流れによってできる波もあります。潮流が海底の起伏に当たって起こる波です。急潮（overfall）とか激潮（tidal race）という流れがあり、潮波と呼ばれる逆波になりますが、流れに風浪がぶつかるとウインドリップ（wind rip）というさらに逆巻く三角波（chop）になります。この波を逆浪と呼びます。

　三角波には、潮流がぶつかる潮目（rip）での出合い波（tide rip）や重複波（clapotis）と呼ばれるものもあります。重複波は、断崖や岸壁への寄せ波と返し波が合成された波です。断崖が続くところや防波堤の外側などで起こります。

　潮浪という波もあります。潮汐波ともいいます。潮の干満はこの潮汐波によって起きています。上げ潮が河口を遡る潮津波（tidal bore）という波もあります。

Photo by 中村隆之

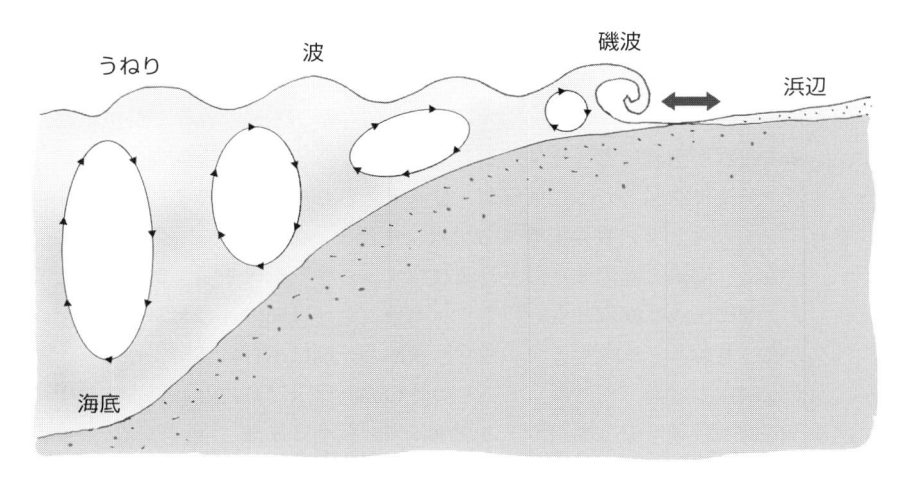

川のように流れる潮流に翻弄されている。
流れに逆らっては進めない。
近くの浜に上陸して転流するのを待つことになる。
瀬戸内海や九州西岸では特に潮流を読むことが重要になる。

波の動きの模式図

水の粒子は円軌道を描いているが、深い海では、ほとんど上下運動になる。浅くなっていくと楕円運動になり、浜辺で波は崩れ、最後は横の往復運動になる。非常に急勾配の浜ではサージングブレーカー（砕け寄せ波 surging breaker）と呼ばれる砕け波が発生する。

流れに関して

　海の流れには、大きく海流と潮流という2種類の流れがあります。この違いを知らない人は意外と多いようです。海流（ocean current）は、大洋を流れる循環する流れです。川のようにほぼ一定の方向に流れます。日本列島沿岸の海流には、南から流れてくる暖流の黒潮（日本海流）、対馬海流、津軽海流、宗谷海流があり、北から流れてくる寒流には、親潮（千島海流）があるだけです。海流は偏西風などの風系や海水温の変化によって起こります。

　黒潮は、太平洋の北半球側を循環する巨大な流れの西側の呼び名です。潮と呼びますが、潮流ではありません。緑の栄養素が少ないため、透明度は高いけど色が黒っぽいので黒潮です。大洋の西側の循環なので、地球の自転によって起こる偏向力（コリオリの力）で流量が増え、流速も4ノットに達することがあります。幅は100kmほどで、沿岸近くでは流速がさらに上がることもあるようです。

　日本列島沿岸でのシーカヤックの旅に影響をおよぼす海流は、ほとんどが黒潮です。対馬海流は黒潮系の水塊と東シナ海の沿岸水が日本海に流入するもので、津軽海流や宗谷海流は対馬海流の続流で、つまりは黒潮の分流のようなものです。

　黒潮が紀伊半島や遠州灘の沖で、南へ蛇行することがあります。以前は異変だと思われていましたが、この蛇行も黒潮の安定的な流れだと分かってきました。蛇行が起こると本州南岸との間に冷水塊が生まれ、流れが様々に変化します。

　黒潮に近い海域でのシーカヤックの旅では、黒潮の現況を知ることが重要です。黒潮の流れが潮流に影響を与えることもあるからです。海上保安庁からは、海洋速報や海流推測図といった情報が、日々更新されて出されます。

　また、シーカヤックに直接影響するのは、海流より潮流（tidal current）の方です。潮流は、潮浪（潮汐波）が生む流れです。つまり潮の干満によって起こる流れです。潮の干満は潮汐ともいいます。本来、潮とは朝の「しお」のことで、汐は夕方の「しお」を意味します。通常、満潮と干潮は1日に2回ずつあり、満潮に向かう潮は上げ潮（満ち潮）で、その時の流れは上げ潮流といいます。干潮に向かう時は下げ潮（引き潮）で下げ潮流です。満潮は高潮（high water）ともいい、干潮は低潮（low water）です。高潮と書いてタカシオと読む場合は、台風や低気圧による海面上昇のことで、風津波という別名があります。

　上げと下げの潮流は流れる方向が逆で、変わり目には一旦流れが止まります。それを転流や停流、憩流（slack water）といい、その時刻を転流時とか単にスラックといいます。また1日に1回しか高潮、低潮がない時もあり、その場合で

も転流が1日4回起こることもあったり、非常に地域性があります。潮流が最速になるのは、転流時から3時間後ぐらいですが、海上保安庁刊行の潮汐表や、潮見表などには、その日のその海の正確な時刻が書かれています。満（干）潮から次の満（干）潮までは平均12時間25分ほどで、翌日の満（干）潮は、平均で50分ほど遅れます。そんな関係を覚えておくと潮待ちの目安になります。

　また、大潮の日は干満の差が大きく潮流も強くなります。大潮は新月（朔）と満月（望）の1～2日後です。朔の訓読みが「ついたち」です。満月は望月ともいいます。新月から満月に至る上弦の半月の頃と、満月から新月に至る下弦の半月の頃は小潮で、干満差が小さく潮流も弱くなります。

　つまり潮流や潮汐は、陰暦（旧暦）に対応しているわけです。月の引力が主に影響をおよぼすからです。新月から満月までは、ほぼ14～15日で変動します。月齢という単位もあり、新月が0.0日で、満月は13.8～15.8日になります。

　日本列島沿岸で、特に潮流を気にしなければならない海域は、瀬戸内海と九州西岸です。瀬戸は狭い海峡（狭門）のことですが、瀬戸では潮流が速くなります。時には10ノット以上の流れになります。徳島県鳴門の有名な渦潮は、潮流が引き起こす渦流（eddy）の、さらに強い流れである渦（whirlpool）です。世界三大潮流のひとつに数えられています。渦潮は海底や海岸の地形によって起こるようです。

　海岸に平行して潮流が流れる場合、陸側の突出部である岬の裏側では、流れが逆になる反流（countercurrent）が起こります。反流も渦流の一種でしょう。反流を使って上側へ漕ぎ上がることもあります。さらには底から上昇流（boil）が起こり、海面が沸き立つような感じになることもあります。大洋での上昇流は湧昇流と呼ばれます。最近分かってきた深層の海洋大循環の一部が湧昇流です。

　前出の急潮や激潮も潮流の一種で、波や渦潮を発生させますが、急潮には、外洋から湾内に入り込む異常海流を意味することがあります。この急潮は、黒潮の影響が強い相模湾や駿河湾でよく起こります。

　海岸沿い（砕破帯）には、離岸流（rip current）という水難事故の原因になる危険な流れもあります。沖に出て行く強い流れで、海浜流系の一部です。向岸流、並岸流（養流）と組み合わされています。海浜からシーカヤックで出艇する場合、離岸流を使ってすばやく沖に出ることもあります。

　ちなみに、海の流れの表現は風向きとは逆です。東流は東へ、西流は西へ流れるという意味になります。これを勘違いすると危険です。

日本近海の海流図

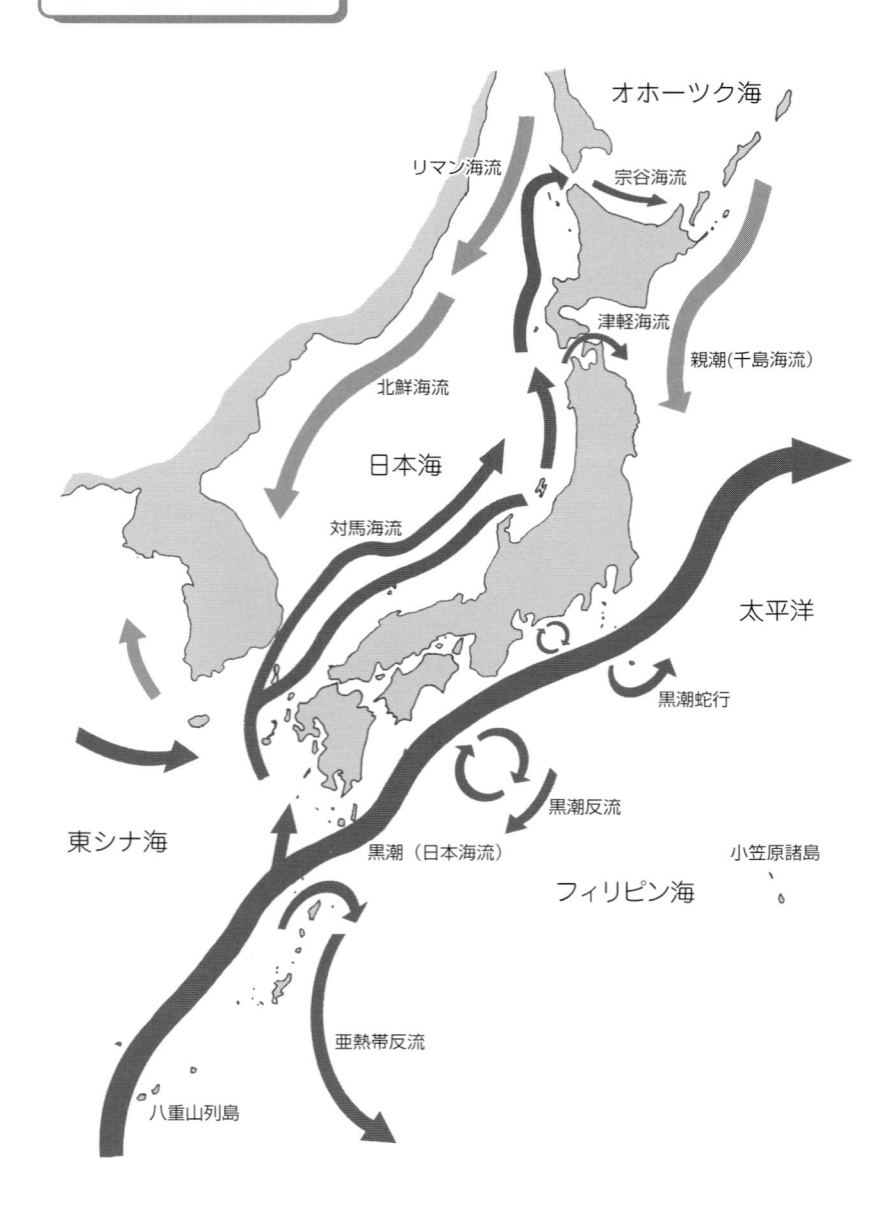

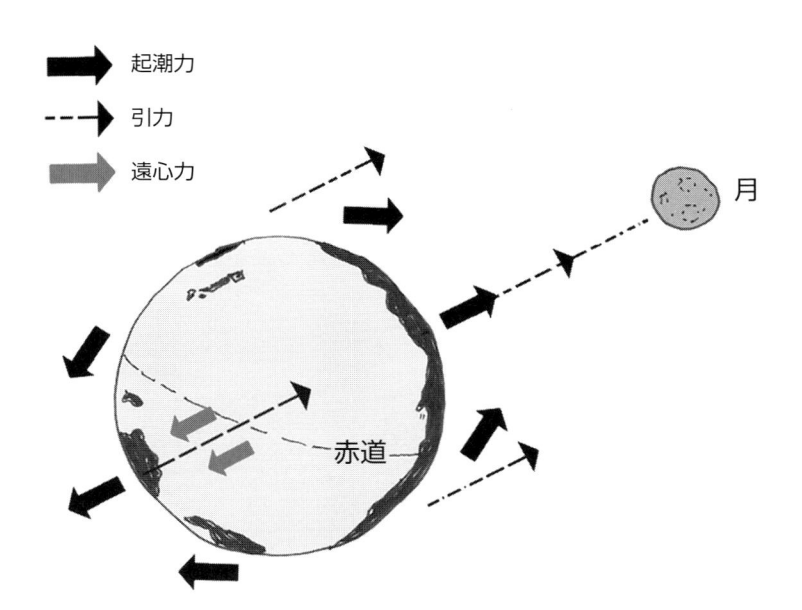

起潮力と引力の関係

1.5kn 〜〜→	海流	
2.3kn ⇒	上げ潮流	
2.3kn 〜→	下げ潮流	
〜〜〜 激潮		〰〰 砕け波
⊙ ⊙ ⊙ 渦流		
kn ノット		M 海里
fm 尋（ヒロ）		海図記号の例

時折、強烈な磯波が襲ってくる。
用心のためにヘルメットを装着して離岸する。
沖合にはうねりがあるだけで、穏やかだった。
こういう磯波の中での上陸も用心する必要がある。

第7章

シーカヤック生存論

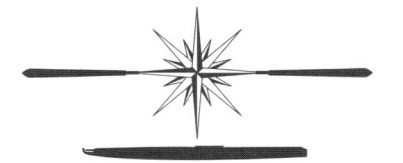

海に生きる

　シーカヤックの世界を知ることで、海に対する考え方が変化する人は多くいます。その変化が、生き方まで変えてしまうことも多々あります。シーカヤックを職業にしたり、職業まではいかなくても、専門的にシーカヤックと関わったりするのは、生き方が変わるからでしょう。シーカヤックの知識や体験は、ひとつのライフスタイルを生み、海からの視点を持って生きていくことを教えます。それがシーカヤック生存論です。生存とは、生きていくことであり、生命を持ち続けることでもあり、そして生き残ることも意味しています。

　シーカヤックの旅によって得られる生き方は、海と陸とを同じ次元で考えながら生きていくことです。ただ、海は地表の7割もの広さがあり、その影響力を考えると、どうしても海の方に比重を置く考え方になります。ある意味、海の味方になるということです。なぜそうなるかというと、今の人類は、あまりにも海を無視しているからです。残念ながら日本もそうなってしまいました。

　例えば、20世紀初頭の日本には300万人もの漁師がいました。当時の人口は6000万人ほどですから、相当な比率です。大戦が終わった1945年当時でも100万人以上はいましたが、戦後は減少の一途を辿り、今や20万人程度しかいないといいます。海に生きる人たちが激減していったのが20世紀です。そんな状況を埋めるために、シーカヤック文化が根付き始めたのだと思います。

　海に生きるというのは、海で生きるだけではありません。海のために生きることであり、人は海に依存しているんだと自覚して生きることです。シーカヤック以外の方法論もあるでしょうが、今ではおそらくシーカヤックがもっとも分かりやすい手段であり、有効な手段だと思います。

　もちろん、シーカヤックで事故が起こることはあります。それは、シーカヤックが原因というより、海に対する判断を間違えた場合です。生存するための考え方や体験にどこか至らない部分があるからでしょう。とはいえ、すべてが足りている人もいません。海に生きるというのは、海に対して至らない部分を埋め続けるために生きるということです。かつての漁師たちがそうだったようにです。

　日本には、海に生きた人たちが残した素晴らしい歴史や文化があります。激減してしまった漁師や船乗りが培ってきた、世界に類を見ない日本の海洋文化は、今やシーカヤックを通してしか見えないのかもしれません。それを思い出すことは、21世紀の日本人に課せられた課題かもしれません。

シーカヤックの視点

　広大な海原にいながらも、シーカヤックからの視界は非常に狭いものです。シーカヤックから見える水平線までの距離は、わずか3kmほどしかありません。地球が丸いからです。これには計算式があり、水平線までの距離を L km として、海面から目までの高さ（眼高）が h m の場合、$L ≒ 3.5\sqrt{h}$ となります。海面にいるシーカヤックの眼高を1mとしても3.5 kmしかないわけです。遠くの山が見えていても、山の下にある海岸線は水平線の向こうにあって見えていないわけです。

　したがって、シーカヤックの視界は3km四方しかなく、非常に狭いものだと意識します。そして、その狭い視界を補うのが天からの視点です。言い換えると、海図の視点です。海図を理解するのは天からの視点を養うということです。眼前の状況を見ながら、頭の中では天からの視点を持つわけです。いわば大局的な見地を持つのです。シーカヤックの旅は、大局的見地を養うためのひとつの方法です。

　生存に関して、人は目前の出来事に対処しながら大局的見地で生き方を決めていくものでしょう。シーカヤックの旅によって、必然的にそれらの視点が備わるのもシーカヤックの魅力のひとつだと思います。

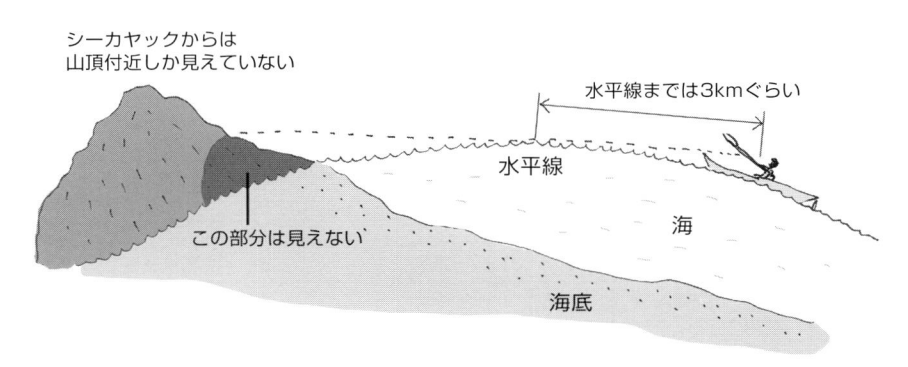

シーカヤックから水平線までの距離

低体温症のこと

　日本では、海の死亡事故が毎年のように起こります。特に多いのが夏です。水難事故防止の情報は相当に行き渡っているはずですが、悲しい事故はなくなりません。水死は溺死であり窒息死です。しかし、溺死に至る原因には、低体温症が関係しているようです。この低体温症が、日本ではあまり周知されていません。

　低体温症は、凍涸（とうご）とかハイポサーミア（hypothermia）とも呼ばれます。体温が35度以下になるとすでに低体温症です。33度以下になると意識不明になり、26度から30度が生命の臨界点だといわれます。海水中で体温が奪われる速度は、空気中の25倍といわれます。つまり、低体温症によって意識がなくなり、それで溺死する場合があり、溺死は凍死かもしれないのです。夏の海であっても凍死が考えられるわけです。

　低体温症の初期の兆候は、震えが止まらなくなったり、目がかすんだりします。そうならないよう、常に防寒や保温を考えておく必要があります。シーカヤックの場合、転覆して脱出した時や、上陸時の急激な冷えで低体温症になることがあります。PFDを着用するのは、浮力の確保もありますが、保温という役目もあります。

　低体温症になった場合の対処法ですが、本書は専門書ではないので詳しく触れません。ただ大事なのは、寒気の遮断と柔らかい熱源が必要だということです。

水温と生存時間の目安

水温〔℃〕	意識不明に至る時間	予想生存時間
0℃	15分以内	15～45分間
0～5℃	15～30分	30～90分間
5～10℃	30～60分	1～3時間
10～15℃	1～2時間	1～6時間
15～20℃	2～7時間	2～40時間
20～25℃	2～12時間	3時間～不明
25℃～	不明	不明

上陸する

　海が時化始めた場合、もっとも有効な対処法は、なるべく早く上陸する、です。ところが岸辺には磯波が押し寄せ、沖にいるより危険な場合も多いものです。安全な上陸地は漁港などですが、波や風が避けられる地形を利用することも考えます。

　砂浜があれば上陸できる可能性はありますが、磯波（砕け波）の状況を観察しなければなりません。崩れ波がある場合は、海底が緩やかに浅くなっていくので、割合に上陸しやすいのですが、陸までの距離があります。巻き波の浜は急激に浅くなっていることが多く、距離は短いですが上陸寸前に波に巻かれ転覆してしまうことがあります。さらに、海浜では風と磯波の関係も気にしなければなりません。陸風の場合は、巻き波になります。ボードの波乗り世界では、オフショアの風といいます。海風はオンショアの風で、崩れ波になります。磯波が打ち寄せる岩礁地帯に上陸するのも無謀なことです。

　風や波、それに岸までの様子を観察することが安全な上陸を左右します。また、砂浜への上陸の際、波に巻かれ横を向いてしまうこともあります。シーカヤックを海側に傾け、上手押えなどで保持し、横向きのまま波に乗って（ブローチング）上陸します。ですが、なるべく波に乗らないことが基本です。

　シーカヤックでサーフィン遊びをするのは、上陸するための練習という意味合いがあります。砕破帯では転覆の可能性が高いので、上陸する際にヘルメットを着用する人もいます。傾向として上陸用ヘルメットを装備している人は、磯波の中を強行上陸する判断をする人が多いようです。もちろん充分に練習しているからでしょうが、旅の中ではリスクが大きいと考えるべきでしょう。

　荒れた海におけるシーカヤックの上陸では、砕破帯がどこか「結界」のような感覚になります。聖なる海の世界から、俗なる陸の世界へ移行する感じです。海の方が修練の場という感覚です。とはいえ、あえて荒れた海に出て行くことはしないので、そんな感覚になるのは、時化る海から上陸する時だけです。

　砂浜への上陸は、普通は前向きで行います。波に乗らないよう、後漕ぎでかわしながら上陸します。上陸したら素早く艇から脱出し、浜の上に引き上げます。軽くなったシーカヤックが、波によって飛んでくる可能性は高いので、海側に降りるのが鉄則です。上陸したのに怪我をすることになります。荒れ具合によっては、後ろ向きで上陸することがあります。その方が襲ってくる磯波が確認しやすいからです。ただ後漕ぎですから、素早く上陸することができません。

離岸する

　基本的にシーカヤックの離岸は、砂浜からがほとんどです。離岸する要領は、波打ち際ギリギリまで運び、舳先を沖に向け少し浮いた状態にします。着座してスプレーカバーを装着しますが、着座するまでは不安定なのでパドルを後のデッキに横置きし、押えながら乗り込むと安定します。波のタイミングを見ながら、パドルや腕を使ってズリズリと海に入り、完全に浮かんだ瞬間に漕ぎ始めます。引き波で横を向く場合もありますが、そうなったらやり直すか、乗ったまま横に揺すってやると元に戻ることもあります。でも、あまり横着はしないことです。

　磯波が強くても沖が穏やかなことは多いので、砕け波の中を離岸していくこともあります。うねりによる磯波は、ある程度セット（組）で入ってきます。そのタイミングを見計らうのが大事です。経験則ですが、大波が３回続いたら次の２回は小波になる感じがあります。もちろん、そうでない場合もありますが、待つという心構えを忘れないことです。あせって離岸しないことです。

　離岸したら沖に向かってまっすぐ進み、砕破帯を越えるまでは漕ぎ続けます。途中で横を向くと、後ろ向きに押し戻されコントロールを失います。砕破帯という結界を越えるまで気が抜けません。途中で砕け波にぶち当たる時は、身をかがめ、パドルが抵抗にならないよう瞬間的に構え、抜けたらすぐに漕ぎ始めます。

　海が穏やかであれば、岩礁や岸壁からの離岸も可能です。ただ、完全に浮かんだ状態のシーカヤックに乗り込まなければなりません。これにはコツがあります。素早く、重心低く、です。岩や岸壁が高い場合は、足から乗り込まざるを得ないのですが、重心を陸側にかけ、懸垂するような感覚で素早く着座します。浮かんだ状態で乗り込むには、なるべく低い浮き桟橋のようなところが離岸しやすいものです。

　漁港などの港には斜路が設けてあることも多く、そこから離岸や上陸する場合があります。斜路は、ほとんどが滑りやすいということを覚えておいて下さい。歩けないほど滑ることも多々あります。細心の注意が必要です。

　上陸や離岸は、海の世界への出入りです。浮かんだ瞬間から海の世界に入るということです。シーカヤックは、手軽に海の世界に入ることができる道具ではありますが、そこはもう容赦のない大自然だということです。そこでパラダイムシフトが起こります。生存への方法論が変わるとでもいいましょうか。上陸や離岸を生存論に入れたのは、そういう意味です。シーカヤックは、簡単に海に出られる利点がありますが、海に出たら陸の常識が通用しないという自覚が必要です。

海浜野営

　シーカヤックの旅では、陸側からは人が近づけない、社会から隔絶されたような空間で野営することがあります。そんな野営は、生存の基本を教えてくれます。日本には6800以上の島があるといわれますが、有人の島は年を追うごとに減少しています。平成16年には315島という有人離島数のデータ（日本離島センター）がありますが、平成20年の離島振興法で指定される島数は、すでに260島ほどしかないようです。今や日本は無人島だらけで隔絶された浜が無数にあります。本州を始めとする四大島の海岸線は、ほとんどが道路になっていますが、6500島を越える無人島に行けば、社会から隔絶された環境があるわけです。

　無人の浜で野営するのは、ある意味サバイバル（生き残り）の訓練です。いわゆるインフラ（社会基盤）がないので、災害に遭った時と同じような状況になります。また、海が荒れてくると、すぐに社会へ戻ることもできません。また、シーカヤックに積み込んである食料や水の量によって、滞在できる時間が限られます。

　今の日本で盛んに使われる「エコ」という言葉がありますが、そのほとんどは省エネのことで、エコロジーというよりエコノミーです。つまり経済的だということです。経済的というのは、安上がりで、費用や手間がかからないという意味でもあり、もったいないという感覚があります。限られた食料、限られたエネルギーを無駄にしない。そういう感覚が無人の浜では培われます。

　流木があればたき火をしますが、たき火にはマナーがあります。平成20年に環境省釧路自然環境事務所が、国立公園であり世界自然遺産でもある知床半島におけるシーカヤック利用の心得を策定しました。「知床半島先端部地区利用の心得」というものですが、野営やたき火に関する心得が書かれてあり、沿岸カヤッキング利用という項目もあります。これは政府の公式見解になります。

　「たき火は"原則禁止"であり、やむを得ずたき火を行う場合には、海岸線付近での流木の利用にとどめ、最小限の規模とするとともに、植生の上では行わず、また、たき火の痕跡を残さないよう適切に後始末をすること」と。

　文書の最後にも、シーカヤックでのたき火について、原則禁止ではありますが生命に関わることがあるので、植生の保護や後始末を完全にというマナーを守るようになどと書いてあります。海浜野営のマナーは、諺の「立つ鳥、跡を濁さず」です。それが次の利用者にも新鮮な環境を提供し、シーカヤック利用の継続につながります。つまりこの諺は、シーカヤックの「掟」のようなものです。

海洋生物

　本来カヤックは、漁猟用のボートでした。それがシーカヤックと呼ばれるようになり、漁猟の旅から、旅そのものへと目的が変化したわけです。したがって、漁猟の対象だった海洋生物にとっては、カヤックからの脅威がなくなりました。

　カヤック漁猟の主な対象は、海洋哺乳類です。アザラシやラッコなどを筆頭に、鯨も対象内でした。カヤック民族が生存するための食料であり、カヤック本体や衣服の材料に活用できる資源だったのですが、今は違います。特に海洋哺乳類は、観察や観賞の対象になりました。沖縄の慶良間列島ではホエールウォッチングにも活用されています。千葉ではイルカの観察に使っている人もいます。とはいえ、釣りという漁猟を楽しむ人は今もいます。

　また、逆に海上にいるシーカヤックにとって脅威になる、危険な生物もいます。例えば、カツオノエボシ（電気クラゲ）は10m以上ある触手がシーカヤックに絡み、素手で触ると刺胞という毒針が発射され激痛が走ります。ショック死の可能性さえあります。トビウオ（アゴ）はダツ（駄津）目の魚ですが、ダツ目ダツ科の魚が海上を飛んでくることがあります。ダツは両顎が尖り、光に反応するので一般的に夜の海に潜るダイバーに恐れられます。人体に突き刺さり死傷することがあるからです。しかし日中でもシーカヤックに向かって飛んでくることがあります。

　サメも危険な生物でしょうが、シーカヤックでのサメ被害は、ほとんど報告がありません。サメはゼブラ模様のウエットスーツなどを、なぜか嫌います。そこでシーカヤックの舟底をゼブラ模様にする人もいます。逆にサメが黄色を好むという報告もあります。英語では yam yam yellow（おいしい黄色）と呼ばれるほどです。

　しかし、海上にいる生物で、もっとも恐ろしいのが人間です。というより人間が操作する船舶などです。現代の文明がシーカヤックの脅威になるわけです。シーカヤックで旅をする時、人は海洋生物と同じような立場になっています。自分がまるでイルカなどの仲間になっている。そんな感覚になっています。

　捕鯨問題や魚類の減少といった問題で、世界的に水産業が揺れています。日本の漁獲高は減少しましたが、世界の漁獲高は急上昇しています。日本には海に生きてきた歴史や文化があります。それは海洋生物側に立つ文化だったはずです。捕獲した鯨に戒名を付け、法要を続けたり、お墓まで作っている民族は他にいないでしょう。でも今の日本人は、そんなことまで忘れています。海洋生物側からの視点、それもシーカヤックの旅を通して理解できる重要な要素だと思います。

他の船舶

　前項でも書きましたが、シーカヤックにもっとも脅威になる存在が、シーカヤック以外の船舶です。シーカヤックは、もっとも小さい船舶であり、衝突されたら木っ端みじんになります。また、シーカヤック以外の船舶は動力船です。動力を持たない帆船など、今やほとんどありません。競技スポーツとしてのヨットがありますが、航海をしているヨットは帆だけでなく動力も使います。帆で走るのは競技中だけです。シーカヤックは、自然の力と人力だけで旅をするほとんど唯一の舟です。

　さらにシーカヤックは、他の船舶から見えないと思ってください。あまりにも小さいからです。海面に出ている部分が極端に低いからです。船舶は必ず見張りをしながら走っていますが、それでもシーカヤックには気付かないことがあります。目印になるよう旗を付けているシーカヤックもいます。

　したがって、シーカヤックは他の船舶が近づいてきたら逃げることを最優先に考えます。航路の横断をする場合は、相当な緊張感を伴います。また、プレジャーボートや小型漁船は、動きが予測できない場合が多いものです。特に漁撈中の漁船は、周りを見る余裕がないと思っていた方が安全かもしれません。とにかく他の船舶から積極的に逃げる、それがシーカヤックの鉄則です。

Photo by 田口信治

コンテナ船が正面を横切る。
シーカヤックは、大型の船舶からほとんど視認できない。

応急処置（ファーストエイド）

　シーカヤックの旅の中で起こる、特別な怪我や病気の症状があります。カヤック隊に医者がいれば安心でしょうが、そうもいきません。そこで想定できる症状を列挙します。また、予防法や手当ては講習会などで勉強すべきと書きたいのですが、これが日本では難しい。日本は応急処置に関する社会システムが遅れている感があります。シーカヤックの普及は、そんなシステム確立にもつながると思います。

　まず多いのが、腱鞘炎です。手首や腕が痛みます。フェザーリングしたパドルや幅広いブレードを使い続けると起こる場合があります。次に腕や肘の神経圧迫症です。腱鞘炎がひどくなった状態です。俗にいうテニスエルボーです。

　時には脱臼することもあります。シーカヤックを担いだり、砕破帯で波を受けて脇を締めなかった場合などが考えられます。擦り傷や潮負けという症状もあります。下着の縫い目やPFDによって擦り傷になることは多々あります。海水にさらされるので、さらに症状は悪化します。砂などが下着に浸入して擦り傷を起こすこともあります。おできや腫れ物ができることもあります。擦り傷や潮負けが悪化したわけです。座り続けていると圧迫によって腫れ物になることもあるようです。化膿菌による腫れ物もあります。いわゆる感染症です。

　掌のマメは、日常的にできます。痛みに耐えるしかありませんが、その痛みを気にしない人もいます。できるだけマメはつぶさない方がいいようです。

　さらに船酔いにかかる人もいます。船酔いは、身体が船に慣れていない場合に起こります。船の動揺に対し自律神経が失調状態になるものです。シーカヤックは身体と一体化するのであまり船酔いしませんが、シーカヤックの動きについていけない時に起こるのかもしれません。個人差が大きいものです。

　日焼けも、ひどくなると火傷になります。シーカヤックの旅では、日焼けの原因となる太陽から決して逃れられません。あとは、熱中症（高体温症、ハイパーサーミア）による脱水症状や極度の疲労、さらには突然冷水に入った時に起こる心臓麻痺なども考える必要があります。打ち身や捻挫、骨折なども考えられます。

　海上保安庁には海上安全指導員という制度がありますが、近年サーフィンやフィッシングの海上安全指導員という資格制度を（財）日本海洋レジャー安全・振興協会が行なっています。資格を得ると全国の海上保安部に登録されます。シーカヤックの分野にも海上安全指導員が必要かもしれません。シーカヤックの応急処置は、海上保安庁と連携して研究すべきだと考えるからです。

指導者として生きる

　シーカヤックを指導するのに、特別な資格や免許はいりません。意欲があり、経験を積み、指導者として信頼される人であれば職業にすることも可能です。とはいえ、公的な資格がないわけでもありません。

　日本セーフティカヌーイング協会（JSCA）という認定組織があり、検定に合格すると指導者の認定をしてくれます。また、オリンピックに選手を送り込む（社）日本カヌー連盟傘下の日本レクリエーショナルカヌー協会（JRCA）でも、基礎レベルの指導員認定を行なっています。この２団体が、今のところ（2009年）シーカヤックの指導者を認定する組織です。JSCA は、どちらかというとシーカヤックビジネスをサポートする目的として生まれた感があり、JRCA の方は公的な機関のレクリエーション的なプログラムをサポートするという感覚です。今後この２団体が連係できる関係になれば、シーカヤックの普及がより進むことでしょう。

　シーカヤックの指導者に資格が必要なのか、という根源的な問題はありますが、海洋教育という観点から考えると、すでに必要な時代がきている気がします。シーカヤックの自由感を束縛せず、逆にその自由さを伝える責任感を、資格が後押しするような制度だと好ましいのではないでしょうか。

　シーカヤックアカデミーという全国規模のシーカヤックに関する勉強会があります。1999年に始まり、毎年１～２回行われています。有志が集まり３日間ほどをかけてシーカヤックの広くて深い世界を伝えています。

　沖縄ではシーカヤックに限らず海洋レジャーを事業にする場合、県条例で公安委員会に届出をすることになっています。それに伴い、日本赤十字の水難救助員などの資格があれば、事業に活用できるシステムがあります。これなどは、別の観点から資格が必要な例です。

　シーカヤック文化が日本で生き残っていくには、シーカヤックによる職業や産業が必要です。シーカヤックによる海洋教育によって、職業が生まれていき今の環境問題を解決する人材が創出されることは、非常に可能性が高いことです。

　教育産業に始まり、製造業や観光業、環境産業、水産業など、あらゆる産業、さらには政治や行政、司法といった分野にまでシーカヤックで培われる知恵は活かされるはずです。それは、太古の時代から育まれてきた海洋民の英知の結晶です。日本こそが、シーカヤック文化を存続させることができる唯一の環境を持つ国だというのは間違いないと確信します。

シーカヤック業

　指導者以外にシーカヤックに関する職業といえば、まずはシーカヤックの専門店の経営があります。シーカヤックに関する用品を売る店です。アウトフィッターなどと呼ばれます。アウトフィッターとは、主にアメリカでの言い方で、旅行やアウトドア活動に関する用品商のことです。

　また、シーカヤックガイドという職業もあります。シーカヤックのツアーを主催する人です。指導者をやりながらガイドという分野もこなす人もいますし、用品商をやりながら指導者、ガイドをやる人もいます。指導者は教育者的ですが、ガイドは観光業的になります。ツアーの日程、航程などを決め、参加者を集め、実際にその海域を案内し、上陸地では食事の用意などをします。テント泊の場合もあり、凝った食事を提供するガイドもいます。そうなると飲食業的になります。

　もちろん、シーカヤックを製造するという職業もあります。シーカヤックだけではなく、パドルやスプレーカバーなど、シーカヤック用品を作るメーカーもあります。こちらは製造業的になるわけです。シーカヤックに使用する専用ウェア類を作るメーカーもあります。

　また、シーカヤックの世界を表現する文筆業や写真を撮るカメラマンなどもいます。僕などは、その部類に入ります。シーカヤック専門誌の編集者という人もいます。その雑誌を出版するという職業もあるでしょう。

　シーカヤックの専門誌には、2009年現在「kayak〜海を旅する本」（フリーホイール刊）があります。2003年から発行されています。少部数ですが、年に4回の季刊です。また、カヌー全般に関する専門誌もあります。「カヌーライフ」（枻出版社刊）といいます。この雑誌は、出版社や編集者を変えながら継続しています。やはり季刊ベースですが、現在はムック本という形式です。

　シーカヤックは、漁業にも関係していく可能性もあります。現在日本の漁業従事者は20万人ほどしかおらず、日本の漁業の衰退は深刻です。年に1万人ほどが減少しており、このままでは20年後に日本には漁業従事者がいない計算になります。漁業は、常に海と接していますので、漁業とシーカヤック業がうまく連係する可能性もあります。実際に漁業権を持ち、シーカヤックガイドをやっている人もいます。

　このように、これから将来、シーカヤック業という世界が構築されていく可能性は非常に高いと思われます。特に沿岸過疎地域の職業としてシーカヤック業が成立する機運は、すでに高くなっています。

森に囲まれた入江で行われているシーカヤックスクール。
神奈川県の三浦半島南部にある小網代湾の湾奥。
都市の近郊で、これほどの環境が残っているのは珍しい。
こんなところで学べるのは、本当に幸せなことだ。
森が海を豊かにし、人もまた豊かになる。

瀬戸内海を航行中のカヤック隊。
判断力、体力、技術、そしてチームワーク。
シーカヤック旅のすべての要素をフルに活用する旅。
たかが1週間、されど1週間の瀬戸内横断300km。

索　引

EEZ（排他的経済水域） ………… 34
FRP（繊維強化プラスチック） …… 40
FRP製の漁船 ………………………… 98
GPS ………………………………… 120
LED …………………………………… 64
PFD（浮力補助胴衣） ……………… 48
TX救援法（TXレスキュー） …… 112
USCG（米国沿岸警備隊） ………… 48

ア

アイランド ………………………… 35
アウトドア文化 …………………… 23
アウトリガー（腕木） …………… 52
アウトリガーレスキュー ………… 52
淦汲み ……………………………… 50
後漕ぎ（リバースストローク） … 82, 157
後曲げ漕ぎ
　（リバーススウィープストローク）… 84
アノラック …………………… 56, 65
アーミーナイフ …………………… 66
アリューシャン列島 ……………… 14
アリュート人 ………………… 14, 19
安全対策優良海域レジャー提供業者 … 138
アンフェザー ………………… 44, 80

イ

磯波 ……………………………… 146

ウ

ウインドリップ ………………… 146
ウエットスーツ ………………… 56
浮かせ押え
　（フローティングパドルブレイス）… 98
渦 ………………………………… 149
渦流 ……………………………… 149
打ち身 …………………………… 162
うねり ……………………… 102, 146

海風 ………………………… 122, 144
海からの視点 ……… 17, 31, 136, 154
海の流れの表現 ………………… 149
海の文明 ………………………… 36
海の森 …………………………… 31
裏面（バックフェイス） …… 80, 82
上手押え（ハイブレイス） … 96, 157
上手押え曲げ
　（スウィーピングハイブレイス）… 100

エ

エアーチューブ（スポンソン） … 42
衛星携帯電話 …………………… 72
エコロジー ……………… 24, 62, 159
エスキモー ……………………… 14
エスキモー式回転起き
　（エスキモーロール） …… 84, 104
沿岸域情報提供システム（MICS） … 72
沿岸流 …………………………… 125

オ

大潮 ……………………………… 149
沖縄県カヤックガイド協会 …… 138
押え漕ぎ（ブレイスストローク） … 96
面舵 ……………………………… 92
おもて舵（バウラダー） ………… 92
おもて交差舵 …………………… 92
親潮（千島海流） …………… 148, 150
おろし（颪） …………………… 144

カ

海運文化 ………………………… 16
海岸図 …………………………… 120
海岸地形 ………………………… 124
外傾曲げ（カーブドターン） …… 90
海上安全指導員 ………………… 162
海上保安庁への通報「118」 … 54, 72

167

海図	120
海図の視点	155
懐中電灯（ハンドランプ）	64
海浜流系	125
海洋基本法	26
海洋教育	27, 28
海洋芸術文化	16
海洋産業	26
海洋速報	148
海洋文化	16
海陸風	144
海流	148
海流推測図	148
抱え込み法	108
風向き	144
化繊	56, 58
片手漕ぎ（ワンハンドストローク）	94
カツオノエボシ（電気クラゲ）	160
カヌーとカヤック	18
カヌー民族	18
カヌー文化	19
カヌールネッサンス	20
カーフェリー	74
カヤック	14
カヤックカート	74
カヤック着	56, 58
カヤックキャリー	74
カヤック文化	15, 19, 163
カヤック民族	19
カヤックワーゲン	74
感染症	162
完全防水ケース	62
干潮	148
寒流	148

キ

気圧の変化	142
季節風（モンスーン）	144
キャンドルランタン	64
キャンプ	76
急潮	146
九州カヌーガイド安全推進協議会	138
急旋回	92

急ブレーキ	82
競技用カヌー	14
競技用カヤック	14
強風注意報	102
漁協サンダル	60
魚食文化	21
漁撈文化	16
緊急信号	72

ク

鎖結び（チェーンノット）	68
崩れ波	146
砕け波	146
クバ笠	58
グラブループ	46
刳舟	18
クルージング	16
黒潮（日本海流）	124, 148, 150

ケ

携帯電話	72
憩流	148
激潮	146
逆浪	146
結合	68
結索	68
結縮	68
結節	68
結着	68
結輪	68
ケミカルライト	126
牽引ロープ	68
腱鞘炎	162
舷側横滑り（サイドスリップ）	90

コ

ゴアテックス	56
公害	24, 30
航海術	116
高体温症（ハイパーサーミア）	162
荒野（曠野）	25

古代式航海術	20
コックピット（漕艇席）	41, 42
骨折	162
コーミング（枠）	41

サ

再乗艇	52, 54
砕波帯	96, 125, 146
サバイバル	159
サーフィン	102
サメ	160
三角波	146

シ

シーアンカー（海錨）	54
シーウイング（カヤック浮き袋）	54, 106
シーウイング自己救援術（シーウイングセルフレスキュー）	106
潮津波	146
潮負け	162
潮見表	149
潮目	146
シーカヤックアカデミー	163
シーカヤックガイド	164
シーカヤック隊	32, 118
シーカヤックの視界	155
シグナルミラー（反射鏡）	72
時化	33, 104, 157
自己救援術	52, 54, 104
シーソック	42
下手押え（ロウブレイス）	96
下手押え曲げ（スウィーピングロウブレイス）	88, 100
下手押え回し（ロウブレイスターン）	88
シート（座椅子）	41
シートバック（背板）	41
指導者	163
磁北	120
島	34
島国	34

島の文明	36
シーマンシップ	116
シーム（継ぎ目）	41
締め結び（シープシャンク）	68
縮尺	120
上昇流	149
上陸	157
情報	119
ショートロール	105
ショックコード	62
ジョン・ダウド	14, 103, 123
白波	146
知床半島先端部地区利用の心得	159
神経圧迫症	162
新月（朔）	149
信号紅炎	72
人工物	36
心臓麻痺	162
新知島パドル	82
斜路	158

ス

水上安全条例	138
吹送距離	146
推測航法	122
水難救助員	163
スカリング	86
スキン＆フレーム	40
スケッグ（保針版）	42
スターン（艫）	41, 88
ストローク	80
ストロボライト	64, 126
スプレーカバー（しぶき除け）	46
スペシャル・ユース・ディバイス	48
擦り傷	162
スローワブル・ディバイス	48

セ

生気象学	142
セルフレスキュー	52, 54, 104
前照灯（ヘッドランプ）	64
船体布（スキン）	42

索引　169

ソ

漕艇席への浸水 ･････････････････ 50
宗谷海流 ･･･････････････････ 148, 150

タ

ダイマーカー（海面着色剤） ･･･････ 72
たき火 ････････････････････････ 159
出し ･････････････････････････ 144
叩き支え（スラップサポート） ････ 98
ダツ ･････････････････････････ 160
タッキング ･･･････････････････ 122
脱臼 ･････････････････････････ 162
脱水症状 ･････････････････ 70, 162
旅の計画 ･････････････････････ 117
ダブルパドル ････････････････ 44, 80
ダブルブレード ････････････････ 44
暖流 ･････････････････････････ 148

チ

地球温暖化 ････････････････････ 30
チーム ･･･････････････････････ 118
チームワーク ･･････････････････ 112
地文航法 ･････････････････････ 122
潮汐 ･････････････････････････ 148
潮汐波 ･･･････････････････････ 146
潮汐表 ･･･････････････････････ 149
重複波 ･･･････････････････････ 146
潮流 ･････････････････････････ 148
潮浪 ･････････････････････････ 146

ツ

津軽海流 ･･････････････････ 148, 150
対馬海流 ･･････････････ 124, 148, 150
釣り ･･････････････････････････ 54
ツーリング ････････････････････ 15

テ

出合い波 ･････････････････････ 146
手足の保温 ････････････････････ 60
低気圧 ･･･････････････････････ 142
低体温症（ハイポサーミア） ････ 48, 156
停止（ストッピング） ･･････････ 82
デッキ（甲板） ････････････････ 41
デッキコンパス ･･･････････････ 120
デッキ上に固定 ････････････････ 62
デッキライン（甲板綱） ････････ 41
鉄則 ･････････････････ 124, 145, 157, 161
掌のマメ ･････････････････････ 162
天気 ･････････････････････････ 142
天気予報 ･･････････････････ 119, 142
転覆 ･･････････････････ 52, 54, 104
転流 ･････････････････････････ 148
転流時 ･･･････････････････････ 148

ト

トウイングライン ･･････････････ 68
トウロープ ････････････････････ 68
トグル（把っ手） ･･････････････ 41
ドーソン式吊り下げ法
　（ドーソン・スリングレスキュー） ･･･ 110
トビウオ（アゴ） ･････････････ 160
艫当て舵（スターンラダー） ････ 88
土用波 ･･･････････････････････ 146
ドライスーツ ･･････････････････ 56
取舵 ･･････････････････････････ 92

ナ

凪 ･･････････････････････････ 33, 144
波乗り ･･･････････････････････ 102
ナローパドル ･･････････････････ 44
ナローブレード ････････････････ 80
南京結び（トラッカーズヒッチ） ･････ 68

ニ

日本海洋レジャー・安全振興協会 ･･･ 162
日本カヌー連盟 ･･･････････････ 163
日本水路協会 ･････････････････ 120
日本セーフティカヌーイング協会
　（JSCA） ･･････････････････ 163
日本文化 ･･････････････････････ 17

日本文明 ……………………………… 36
日本レクリエーショナルカヌー協会
　（JRCA）………………………… 163

■■■ ネ ■■■

ネオプレン ……………………… 56, 60
熱射病 ……………………………… 58
熱中症 ……………………………… 162
捻挫 ………………………………… 162

■■■ ノ ■■■

ノーチカル・チャート …………… 120
飲み水 ……………………………… 70

■■■ ハ ■■■

排水具 ……………………………… 50
バイスプライヤー ………………… 66
ハイターベイラー ………………… 50
バウ（舳先）……………………… 41
パーカ ……………………………… 56
8の字押え（スカリングブレイス）… 100
8の字結び
　（フィギュアエイトノット）…… 68
バックパッキング ………………… 23
ハッチ …………………………… 42, 62
ハッチカバー（荷室蓋）……… 41, 42
ハッチカバーストラップ
　（荷室蓋押さえ）………………… 41
発泡樹脂 …………………………… 60
パドル …………………………… 44, 80
パドルあぶみ法（PSレスキュー）… 110
パドルスティラップ ……………… 110
パドルフロート …………………… 52
パドルフロートレスキュー ……… 52
パニックループ …………………… 46
ハル（船体, 舟底）………………… 41
バルクヘッド（隔壁）………… 41, 42
波浪 ………………………………… 146
反流 …………………………… 124, 149

■■■ ヒ ■■■

ヒップフリック …………………… 84
日焼け ……………………… 58, 162
表面（パワーフェイス）………… 80
ビルジスポンジ …………………… 50
ビルジポンプ ……………………… 50

■■■ フ ■■■

ファルトボート ………………… 15, 40
風力 ………………………………… 102
風力階級表 ………………………… 103
風浪 ………………………………… 146
フェザーリング ………………… 44, 80
フェーン …………………………… 144
フォールディングカヤック …… 15, 40
不沈構造 …………………………… 42
舟行包丁 …………………………… 66
船酔い ……………………………… 162
ブーマー …………………………… 146
ブレード ………………………… 44, 80
ブローチング ………………… 96, 157
フローティングロープ ……… 68, 110
フローテーション・エイド ……… 48

■■■ ヘ ■■■

ベイラー …………………………… 50
平和 ………………………………… 32
ヘクトパスカル …………………… 144
ペダル（踏み板）………………… 41
ヘルメット ………………………… 157
偏差 ………………………………… 120
偏西風 ……………………………… 144

■■■ ホ ■■■

ホイッスル（笛）………………… 72
貿易風 ……………………………… 144
防寒長靴 …………………………… 60
防水性 ……………………………… 56
防水袋（ドライバッグ）………… 62
暴風警報 …………………………… 102

保温性 ・・・・・・・・・・・・・・・・・・・・・・・ 56
ポギー ・・・・・・・・・・・・・・・・・・・・・・・ 60
ホクレア号 ・・・・・・・・・・・・・・・・・・・ 20
補助救援行動 ・・・・・・・・・・・・・・・・ 108
細引き ・・・・・・・・・・・・・・・・・・・・・・・ 62
北海道漁港管理条例 ・・・・・・・・・・ 130
ポリエチレン ・・・・・・・・・・・・・・・・ 40
ポリネシア ・・・・・・・・・・・・・・・・・・ 20

━━━ マ ━━━

前漕ぎ（フォワードストローク）・・・・ 80
巻き波 ・・・・・・・・・・・・・・・・・・・・・・ 146
巻き結び（クラブヒッチ）・・・・・・ 68
マキリ包丁 ・・・・・・・・・・・・・・・・・・ 66
曲げ漕ぎ（スウィープストローク）・・・ 84
マリナー式自己救援術
　（マリナー式セルフレスキュー）・・・ 52, 106
丸木舟 ・・・・・・・・・・・・・・・・・・・・・・ 18
満月（望）・・・・・・・・・・・・・・・・・・・ 149
満潮 ・・・・・・・・・・・・・・・・・・・・・・・・ 148

━━━ ミ ━━━

水タンク ・・・・・・・・・・・・・・・・・・・・ 70
ミニマリスト ・・・・・・・・・・・・・・・・ 76
ミニマリズム ・・・・・・・・・・・・・・・・ 76

━━━ モ ━━━

木製パドル ・・・・・・・・・・・・・・・・・・ 98
木造漁船 ・・・・・・・・・・・・・・・・・・・・ 98
目的地 ・・・・・・・・・・・・・・・・・・・・・・ 117
舫い結び（ボーラインノット）・・・ 68

━━━ ヤ ━━━

野営 ・・・・・・・・・・・・・・・・・・・・ 76, 159
夜間航法 ・・・・・・・・・・・・・・・・・・・・ 126
山立て法 ・・・・・・・・・・・・・・・・・・・・ 123

━━━ ヨ ━━━

横漕ぎ（ドロウストローク）・・・・・・・・ 86

横波 ・・・・・・・・・・・・・・・・・・・・・・・・ 96
横8の字漕ぎ
　（スカリングドロウストローク）・・・・ 86
ヨット・モーターボート用参考図 ・・・ 120
鎧結び（ハーネスヒッチ）・・・・・・・・ 68

━━━ ラ ━━━

ライフジャケット（救命胴衣）・・・・・・・ 48
ライフベスト ・・・・・・・・・・・・・・・・ 48
ライフリング（救命浮輪）・・・・・・ 48
ラダー（舵）・・・・・・・・・・ 41, 42, 88
ラダーケーブル（操舵線）・・・・・・ 41
ラダーコントロールライン
　（舵昇降綱）・・・・・・・・・・・・・・・・ 41

━━━ リ ━━━

リアス式海岸 ・・・・・・・・・・・・・・・・ 132
離岸 ・・・・・・・・・・・・・・・・・・・・・・・・ 158
離岸流 ・・・・・・・・・・・・・・・・ 125, 149
陸風 ・・・・・・・・・・・・・・・・・・ 122, 144
離島 ・・・・・・・・・・・・・・・・・・・・・・・・ 27
隆起海岸 ・・・・・・・・・・・・・・・・・・・・ 132
領海 ・・・・・・・・・・・・・・・・・・・ 34, 130

━━━ レ ━━━

レクリエーションの普及 ・・・・・・・・・ 27
連吹時間 ・・・・・・・・・・・・・・・・・・・・ 146
レンズ雲 ・・・・・・・・・・・・・・・・・・・・ 144

━━━ ロ ━━━

艪 ・・・・・・・・・・・・・・・・・・・・・・・・・・ 86
ロール ・・・・・・・・・・・・・・・・・・・・・・ 104
ロールダウン式 ・・・・・・・・・・・・・・ 62
ロングロール ・・・・・・・・・・・・・・・・ 105

━━━ ワ ━━━

ワイドブレード ・・・・・・・・・・・・・・ 80

跋　文（あとがき）

　本書の企画が決まり1年以上が経過しましたが、ようやく出版という港に漕ぎ付けることができました。
　シーカヤックを始めて、はや22年。この世界の多様性や奥深さを知れば知るほど、簡単には結論の出ない深い意味合いがあることに気付かされます。それをいかにまとめるか、それが僕にとっては相当に困難な作業でした。
　日本でシーカヤックに関する初の専門書が出たのは1990年7月、ジョン・ダウド氏の「シーカヤッキング」最初の翻訳本でした。ローリー・イネステイラー氏と堀田貴之氏の共訳で、CBSソニー出版から刊行された本です。
　その年の12月には、僕が書いた「シーカヤッキング・イン・ジャパン」という本が、同じ出版社から出ました。なぜ同じ出版社かというと、当時ローリーさん、堀田さんはCBSソニー出版から出ていた「フィールド＆ストリーム・ジャパン」というアウトドア雑誌で、僕と同じライターをやっていたからです。
　この雑誌は、アメリカの老舗アウトドア誌の日本版でした。本家の方はいまだに英語圏で人気の雑誌です。しかし、日本版はバブル崩壊と共に休刊になってしまいました。でも、この日本版こそがシーカヤックを本格的に取り上げた最初の雑誌なのです。当時僕らは、日本こそがシーカヤックにもっとも相応しい国だと考えており、だからこそ専門書の出版が同社から相次いだわけです。
　僕の最初の本は、88年から日本版で連載していた「トランス・ジャパン・カヤッキング」という特集をまとめ、加筆したものでした。今では考えられないほどの制作費を使って作った本です。しかし、90年代の不景気な時代を迎え、日本のシーカヤックは決して主流にはなれず、細々と続くだけでした。それが97年あたりから少しずつ社会に受け入れられるようになり、それで2002年に再び新訳としてダウド氏の「シーカヤッキング」が翻訳され、僕が監修して出版されました。
　しかしその新版も増刷されることはなく、すでに古書でしか手に入らない事態になってしまいました。そういう状況でしたので、本書が企画されたわけです。
　この企画を考え行動に移す時、それを後押ししてくれたのは、実はローリーさんでした。その頃彼は病に倒れ、そして突然帰らぬ人となったのです。だから僕は、この本を「ローリーの想いに届くように」という気持ちで書きました。したがって、彼のシーカヤックに対する想い、それが本書のあちこちに、必然的にち

りばめられているはずです。彼はカナダのユーコン河畔で生まれたのですが、ニッポン人として人生を全うしました。生前、彼は鎌倉の浄妙寺に日参し、そこにイネステイラー家のお墓まで作っていました。彼は今、そこで眠っています。

ローリーさんは、日本でシーカヤックが不自由なくできるきっかけを作った人です。彼がアメリカのシーカヤック専門誌の取材のため、海上保安庁の現場トップ（警備救難監）に直談判し、それでシーカヤックが海上保安庁に認知されたのです。その直談判に一緒に行ったのが僕でした。僕の父親が、海上保安官だったからです。当時は定年直後で、そのトップの方とは同じ巡視船に乗り組んでいたという関係がありました。しかもその方は、幼い僕をダッコしたことまであったのです。

そういう経緯で、それまでシーカヤックに対して無理解だった海上保安庁が、その後徐々に理解を深めていきました。ローリーさんの直談判がなければ、と考えるとローリーさんこそが日本のシーカヤック界の恩人だと、僕は思っています。

21世紀初頭の今、日本の沿岸では、磯焼けと呼ばれる海の沙漠化が進んでいます。これは非常に深刻な問題ですが、海に関心がない現在の日本社会では、あまり周知されていません。

藻場と呼ばれる海の森が消えることで、魚介類も激減しています。さらには地球温暖化の大きな原因とされる二酸化炭素が大気中に増えるのも、海の森が激減しているからのようです。

海の森や植物プランクトンは、光合成を行ないますが、それはつまり二酸化炭素を吸収し酸素を供給するということです。本来は海がもっと二酸化炭素を取り込めるはずなのに、沿岸域の海の森が激減していたのでは、それもかないません。その原因には、陸の森が本来供給していた鉄分が海へ流れ出なくなったことが大きいという研究成果が現れてきました。

地球は鉄の星です。地磁気もまた地球の核が鉄だからこそ生まれます。そして海に微量に溶けていた鉄分が、海の生物を生かし続けてきたにも関わらず、人の活動によって陸が変化したため、その微量な鉄分も消えかけているようです。

日本列島を囲む海の危機的な状況。本来、日本の海は青ではなく緑なのです。陸だけでなく海も緑化が必要です。それが「オーシャン・グリーン」というコンセプト。シーカヤックを漕ぎ続けてきたからこそ気付き、シーカヤックがなかったら決して気付かなかったこと。それを締めの言葉として筆を置きます。

最後になりましたが、関わってくれたすべての方に敬意と感謝を捧げます。挿

絵を描いてくれた細君、山本昌美。今年2月、彼女は突然故人となりました。でも本書が続く限り、彼女は生き続けることでしょう。

平成28年6月加筆

内田　正洋

第3版について

　平成21年に書いた本書が3年半を経過して第2版となり、そこから3年が経過して第3版となりました。2版同様、加筆や変更はほとんどありません。

　本書は、当初東京海洋大学という海洋の専門大学での水圏環境リテラシー学実習の教科書として使えることを念頭に書いたものでした。その後、他の大学でもシーカヤックを使った授業が始まり、そこでも使われるようになり、さらに日本カヌー連盟の傘下にある日本レクリエーショナルカヌー協会（JRCA）が育成するシーカヤックの公認指導員（シーシニア）を育てるための教科書としても使われるようになりました（163ページ参照）。そこで第2版からは、日本レクリエーショナルカヌー協会の公認テキストにもなっています。

　第1版を書いて以降、日本列島では大きな変化が起りました。東日本大震災に始まり、御岳山の噴火や今年（平成28年）には熊本大地震までが起こり、大きな自然災害が続いています。人類が初めて経験するレベルの原子力発電所事故もまだ終息を見せず、日本社会は混迷さをどんどん深めている気がします。しかし、日本列島は、太古の昔から自然災害の多い島々であり、それを受け入れて祖先たちはこの列島で生きてきました。そんな本来の列島環境や生き方を思い出し、新たな価値観として再生させる必要が求められています。環境とは外界を意味し、それこそがアウトドアです。列島の外界である海を知ることが、自然災害から復興するための気概を作ると、心底から思います。海における唯一のアウトドア（環境）活動であるシーカヤックの旅。21世紀の日本人には、海からの視点を携えた生き方こそが相応しい、そう結論付けたいと思います。

平成28年6月、記す。

これはシーカヤックのバイブルとなるべき本だ。
日本は四周を海で囲まれた島国でありながら、
これまでシーカヤックの適切な本がなかった。
この本を読んで海を行く哲学者が増えることを
期待する。

　　　　　　　　　　　　　　　野田 知佑

（初版帯の推薦文を転記）

解　説

野　田　知　佑

　カヌー関係者のよく犯す間違いは英語を使いすぎることだ。海外でできたスポーツだからそうなりやすいが、初心者にいきなりフォワードストロークとかリバースストロークなどとカタカナの単語を連発する。そうして、せっかく水遊びしようと張り切ってきた人達の気を削いでしまう。

　この本では、前漕ぎ（フォワードストローク）、後漕ぎ（リバースストローク）、曲げ漕ぎ（スイープストローク）、横漕ぎ（ドローストローク）などときちんと日本語にしてあり、とてもいいと思う。

　「スイーピングハイブレイス」といわれても何のことか分からないが、「上手押え曲げ」といえば理解できる。この本にある日本語のカヌー用語が早く定着してくれることを望む。

　初めて内田正洋に会った時、
「シーカヤックってあまり教えることがないんですよね」
といったのを覚えている。細々と漕ぎ方をうるさく教えるより、いい場所に連れていき楽しませるのが先決だと思っていたので、ぼくは大いに共鳴した。

　別な時にこうも話した。身の周りはすべて水平線しか見えない大海原を漕いでいる時に「ああ、これだ。これがシーカヤックだ」と思った、という。そんな時の開放感や人間社会との杜絶感、孤独、自由をカヤッカーは共有する。すべての感覚、判断力、体力を駆使して水の上を旅する。何日か、何十日かこういうことを続けると、自分への信頼を取り戻すのだ。陸上の娑婆では、自分の持っている力の何十分の一しか発揮しないで生き、酒ばかり飲んで自己嫌悪の中に居ることが多い。しかし海や川で毎日自分の腕で危険を回避しサバイヴしていると、俺もなかなかやるではないか、と思うのである。

　シーカヤックをやるすべての人の上に七難八苦とあらゆる喜び、幸福が降りかからんことを祈る。

● **参考文献**

『Sea Kayaking（シーカヤッキング）』ジョン・ダウド著　山と渓谷社
『シーカヤッキング・イン・ジャパン』内田正洋著　CBSソニー出版
『シーカヤッカーズ・ハンドブック』内田正洋著　マリン企画
『ザ・シーカヤッキング・マニュアル』枻出版社
『SEA Kayaker　1号〜4号』枻出版社
『シーカヤックオールカタログ』枻出版社
『イヌイット』岸上伸啓著　中公新書
『QUJAQ』David W. Zimmerly 著　Alaska State Museum
『海と列島文化シリーズ』小学館
『古代日本の航海術』茂在寅男著　小学館ライブラリー
『コロンブス提督伝』エルナンド・コロン著　朝日新聞社
『丸木舟』出口晶子著　法政大学出版局
『日本丸木舟の研究』川崎晃稔著　法政大学出版局
『黒潮圏の考古学』小田静夫著　南島文化叢書
『古事記』倉野憲司校注　岩波文庫
『日本書紀』宇治谷孟訳　講談社学術文庫
『エゾの歴史』海保嶺夫著　講談社選書メチエ
『アリュート民族』ウィリアム・ラフリン著　六興出版
『流亡』小坂洋右著　道新選書
『土方久功著作集』三一書房
『ポリネシア人』片山一道著　同朋舎出版
『海のモンゴロイド』片山一道著　吉川弘文館
『海を渡ったモンゴロイド』後藤明著　講談社選書メチエ
『キャプテン・クック』ジョン・バロウ編　原書房
『ホクレア号について語ろう』マガジンハウス
『祝星「ホクレア」号がやって来た』内田正洋著　枻文庫
『VOYAGE OF REDISCOVERY』BEN FINNEY 著　UNIVERSITY OF CALIFORNIA PRESS
『バイダルカ』ジョージ・B. ダイソン著　情報センター出版局
『カムチャツカからアメリカへの旅』ステラー著　河出書房新社
『社員をサーフィンに行かせよう』イヴォン・シュイナード著　東洋経済新報社
『エコロジーの誕生』ロバート・クラーク著　新評論
『沈黙の春』レイチェル・カーソン著　新潮文庫
『苦海浄土』石牟礼道子著　講談社文庫
『柳田國男全集28』ちくま文庫
『人間の土地』サン＝テグジュペリ著　新潮文庫
『憲法なんて知らないよ』池澤夏樹著　集英社文庫
『魂の民主主義』星川淳著　築地書館
『文明の衝突』サミュエル・P. ハンチントン著　集英社
『北槎聞略』桂川甫周著　岩波文庫
『アメリカ素描』司馬遼太郎著　新潮文庫
『知床半島先端部地区利用の心得』環境省釧路自然環境事務所
『バトル・オブ・アリューシャン（知床半島カヤック水路誌）』新谷暁生著　須田製版
『鉄が地球温暖化を防ぐ』畠山重篤著　文藝春秋
『カヌーライフ』枻出版社
『kayak〜海を旅する本』フリーホイール

カバーデザイン＆イラスト　　山本昌美

著者略歴

内田 正洋（うちだ・まさひろ）

海洋ジャーナリスト。
1956年長崎県大村市生まれ。その後山口県長門市仙崎で育つ。県立大津高校時代は花園ラガーとして活躍。日本大学水産学科に進学し遠洋漁業学を専攻。カッター部に所属。80年イラン・イラク戦争に遭遇。ジャーナリストの道へ。82年よりパリ・ダカールに8回出場。87年から日本でシーカヤックの普及を開始。91、92年と台湾から東京湾までの海域をシーカヤックで漕破。98年にハワイの古代式カヌー"ホクレア"に出会い、以後その世界を日本に紹介。07年にはハワイから日本へ航海した"ホクレア"のサポートクルーを務める。日本レクリエーショナルカヌー協会理事。08年度より東京海洋大学非常勤講師。09年一般社団法人海洋緑化協会創設、キャプテンに就任。主な近著に『祝星「ホクレア」号がやって来た』『海とオートバイ』（どちらも枻文庫）がある。

ISBN978-4-303-46800-2

シーカヤック教書

2009年7月15日　初版発行　　　ⓒ 2009
2016年7月20日　第3版発行

検印省略

著　者　内田正洋
発行者　岡田節夫
発行所　海文堂出版株式会社

本　社　東京都文京区水道2-5-4（〒112-0005）
　　　　電話 03(3815)3291㈹　FAX 03(3815)3953
　　　　http://www.kaibundo.jp/
支　社　神戸市中央区元町通3-5-10（〒650-0022）

日本書籍出版協会会員・工学書協会会員・自然科学書協会会員

PRINTED IN JAPAN　　　印刷　ディグ／製本　ブロケード

JCOPY ＜(社)出版者著作権管理機構 委託出版物＞
本書の無断複写は著作権法上での例外を除き禁じられています。複写される場合は、そのつど事前に、(社)出版者著作権管理機構（電話 03-3513-6969、FAX 03-3513-6979、e-mail: info@jcopy.or.jp）の許諾を得てください。